QU'EST-CE QUE LA SIGNIFICATION ?

COMITÉ ÉDITORIAL

CHEMINS PHILOSOPHIQUES

Collection dirigée par Roger POUIVET

Manuel REBUSCHI

QU'EST-CE QUE LA SIGNIFICATION ?

Paris

LIBRAIRIE PHILOSOPHIQUE J. VRIN

6, place de la Sorbonne, V^e

2008

David J. CHALMERS, *The Conscious Mind. In Search of a Fundamental Theory*
© Oxford University Press, 1996
Jon BARWISE and John PERRY, *Situations and Attitudes*
© CSLI Publications, Stanford University, 1983

© *Librairie Philosophique J. VRIN,* 2008

Imprimé en France
ISSN 1762-7184
ISBN 978-2-7116-2152-1

www.vrin.fr

QU'EST-CE QUE LA SIGNIFICATION ?

INTRODUCTION

Nous parlons, conversons, écrivons, et nos phrases, nos discours, nos dialogues sont porteurs de signification. De quoi s'agit-il ? Comment cela fonctionne-t-il ? Nous parlons du monde, et nous pensons le monde par, ou dans le langage, aussi la signification paraît-elle relever du lien entre langage et monde. Mais nous ne disons pas que le vrai. Lorsque nous énonçons le faux par erreur nous échouons à parler du monde. Quand nous énonçons le faux par choix – par exemple quand nous mentons, ou lorsque nous énonçons un discours de fiction – nous parlons d'autre chose que du monde. La signification semble alors devoir déborder le seul rapport langage–monde. Ce supplément est-il dans nos têtes, ou dans un monde idéal ?

La question de la signification est au cœur de la philosophie du langage du XXᵉ siècle. Gottlob Frege et Bertrand Russell, les initiateurs du *tournant linguistique* à l'origine de la tradition analytique en philosophie, ont combiné une approche philosophique avec l'usage de méthodes logiques qu'ils avaient entièrement renouvelées. Les deux types d'approche, philosophique et logico-formelle, ont par la suite quelque peu divergé, les philosophes continuant de s'intéresser à certaines énigmes de la signification liées notamment à la théorie de la connaissance ou au rôle causal des contenus mentaux, pendant que des linguistes développaient des formalismes sophistiqués visant à rendre compte de divers phénomènes sémantiques des langues naturelles. Il s'agit donc d'une double histoire, ou de deux histoires parallèles, que je propose dans ce livre d'aborder de front.

La sémantique formelle n'offre pas, à elle seule, une réponse à la question posée ici de la nature de la signification. Les formalismes en tant que tels sont muets, il faut les interpréter. Les dernières décennies ont cependant vu l'émergence d'outils en sémantique formelle qui, à défaut de les dicter, *suggèrent* des réponses nouvelles. Ces développements, relativement techniques et parfois même directement liés au traitement automatique des langues, autrement dit à des applications informatiques, n'ont jusqu'ici pas toujours été pleinement pris en compte en philosophie du langage. Je propose de les présenter ici, dans une version informelle, et d'en exposer quelques implications possibles pour une réflexion philosophique sur ce qu'est la signification.

Nous verrons que dès l'origine, les arguments et positions tenus à propos du langage sont loin de laisser indemne le paysage philosophique alentour. Ce qui est mis à l'épreuve au travers de l'analyse logique du langage, c'est non seulement notre conception du mental mais aussi des présuppositions ontologiques ou métaphysiques générales, en particulier nos conceptions du possible et du nécessaire.

L'exposé est divisé en trois parties. On présente tout d'abord le cadre classique de l'analyse logique du langage développé par Frege et Russell, et on esquisse les grandes lignes de la conception de la signification dominante jusque dans les années 1960, le *descriptivisme*, tout en discutant des questions d'engagement ontologique liées à cette analyse.

Dans une seconde partie il sera question des théories dévelop-pées tout d'abord en logique extensionnelle, puis en logique modale, qui offrent un traitement rigoureux de la sémantique pour les langages formels. Ce survol aboutira à une présenta-tion générale de la sémantique de Montague qui, depuis les années 1970, s'est imposée comme le principal cadre théorique d'analyse linguistique de la signification directement issu de la philosophie et de la logique. Dans la troisième partie on exposera la *nouvelle théorie de la référence*, ou théorie de la référence directe, défendue par Saül Kripke et Hilary Putnam et qui a détrôné le descriptivisme depuis le milieu des années 1970. Les deux textes qui suivent permettront d'aborder des débats contemporains en philosophie du langage comme en sémantique formelle pour les langues naturelles [1].

L'ANALYSE LOGIQUE DU LANGAGE
L'APPROCHE CLASSIQUE

Frege

Si la question de la signification est posée et théorisée dès les origines de la philosophie, notamment par Aristote dans *De interpretatione*, elle n'est devenue centrale en philosophie que depuis le fameux *tournant linguistique* qui l'a affectée, au moins en partie, au début du XXe siècle et qui a donné naissance à la philosophie analytique. Ce qui est réputé caractériser cette dernière est en effet que l'analyse philosophique du langage y est conçue comme étant la voie d'accès exclusive à une expli-

---

1. Les approches « pragmatiques » de la signification fondées sur une appréhension du langage dans son contexte d'usage, et auxquelles sont asso-ciés les noms d'auteurs comme Austin, Searle, Grice, Sperber et Wilson, Wittgenstein, ne sont pas traitées, faute d'espace, dans cette présentation.

cation philosophique de la pensée. Dans ce tournant, Frege joue un rôle essentiel[1].

Que signifient un mot, une phrase ? La réponse apportée par Frege[2] qui repose sur l'analyse logique du langage, est désormais bien connue. La signification relève tout d'abord de la *référence* : quand on parle, on parle au sujet de quelque chose. Étudier la signification n'implique pas de se pencher avant tout sur ce que nous avons dans nos têtes, mais sur la manière dont nos expressions réfèrent dans le monde. Il faut alors distinguer les *noms propres*, *simples* ou *complexes*, termes singuliers qui désignent des particuliers ou objets individuels, autrement dit les choses dont on parle, des *prédicats* ou termes généraux qui s'y appliquent. Suivant la terminologie frégéenne, un *nom propre simple* comme « Johnny Hallyday » désigne un individu, le porteur du nom, de même qu'un *nom propre complexe* comme « la plus célèbre des rock-stars francophones des années 1960 », tandis qu'un prédicat comme « est une rock-star » désigne un concept. Si l'énoncé : « Johnny Hallyday est une rock-star » est vrai, c'est parce que le concept de rock-star s'applique à l'individu désigné par le nom propre.

Mais l'histoire ne peut pas s'arrêter là. En effet, si la signification de « Johnny Hallyday » (JH) se limitait au porteur du nom, on ne pourrait pas la différencier de celle de « Jean-Philippe Smet » (JPS) puisque ce second nom propre désigne le même individu. Or Frege signale à juste titre que l'énoncé d'une identité comme « JH est JPS » est informatif, tandis que

---

1. M. Dummett, *Les Origines de la philosophie analytique*, Paris, Gallimard, 1991, p. 13.

2. G. Frege, « Sens et dénotation » (1892), trad. fr. Cl. Imbert dans G. Frege, *Écrits logiques et philosophiques*, Paris, Seuil, 1971, p. 102-126.

celui de « JH est JH » ne l'est pas. Si la signification est censée rendre compte de l'information portée par les expressions linguistiques, ou de leur valeur cognitive, il faut différencier la signification des deux énoncés, donc celle des deux noms. Frege considère que les deux noms se différencient par le *mode d'accès* au porteur offert par chacun d'eux. « JH » permet d'accéder au porteur du nom, c'est-à-dire à JH, en tant que chanteur populaire ; « JPS » permet d'accéder au même porteur par son registre d'état civil par exemple.

Chaque nom propre et, partant, chaque expression, possède une signification composée d'au moins deux composantes (on parlera de deux *valeurs sémantiques*) : le *Sens* (*Sinn*), mode d'accès à (ou mode de donation de) la *Dénotation* (*Bedeutung*), ou référence [1]. Deux expressions ne sont synonymes que si elles partagent Sens et Dénotation. On peut donc avoir deux expressions avec la même Dénotation qui ne sont pas synonymes. Inversement, il n'est pas possible d'avoir deux expressions partageant le même Sens mais pas la même Dénotation. Il s'agit ainsi d'une vraie-fausse sémantique dualiste : le niveau du Sens détermine, *i.e.* contient implicitement celui de la Dénotation.

Le Sens (objectif) est à distinguer de la coloration, de la connotation et d'autres traits subjectifs de la signification qui n'interviennent pas dans la théorie de la signification. L'un des traits cruciaux de l'approche frégéenne est l'*antipsychologisme* : l'idée que la signification doit être étudiée indépendamment des modes d'appréhension idiosyncrasiques. Frege emploie pour présenter cela la métaphore du télescope : en observant la Lune, la Lune elle-même constitue la Dénotation,

---

1. J'emploie *Sens* et *Dénotation* avec une majuscule pour exprimer le sens que Frege donne spécifiquement à ces termes.

l'image sur la lunette l'analogue du Sens, qui est irréductible à l'image sur la rétine des observateurs. De cette conception d'un Sens objectif découle immédiatement une conséquence métaphysique lourde : à côté du monde des Dénotations (celui où vit J.-Ph. Smet *alias* Johnny Hallyday), et au-delà du monde subjectif des représentations (un monde qui, par définition, ne pèse ontologiquement pas lourd), Frege envisage explicitement le recours à un *troisième domaine* constitué des Sens de nos expressions :

> [L]es pensées ne sont ni des choses du monde extérieur, ni des représentations. Il faut admettre un troisième domaine. Ce qu'il enferme s'accorde avec les représentations en ce qu'il ne peut pas être perçu par les sens, mais aussi avec les choses en ce qu'il n'a pas besoin d'un porteur dont il serait le contenu de conscience. Telle est par exemple la pensée que nous exprimons dans le théorème de Pythagore, vraie intemporellement, vraie indépendamment du fait que quelqu'un la tienne pour vraie ou non [1].

Accessoirement, on voit par cette conséquence que des considérations de philosophie du langage peuvent avoir un impact qui déborde très largement leur champ initial.

Identité et compositionnalité

Il faut ensuite observer comment Frege étend ses deux notions de Sens et de Dénotation aux autres types d'expressions : termes généraux et énoncés.

Frege s'appuie sur un principe très général régissant l'identité, que l'on doit à Leibniz, l'*indiscernabilité des identiques*, et qui s'énonce comme suit : si *x* et *y* sont identiques,

---

1. G. Frege, « Recherches Logiques » (1918-1919), trad. fr. Cl. Imbert, *op. cit.*, p. 184.

alors ils ou elles sont indiscernables, au sens où tout attribut possédé par l'un(e) est possédé par l'autre, et réciproquement. En formule (logique du second ordre), cela donne pour x et y quelconques : $x = y \rightarrow \forall P (Px \leftrightarrow Py)$. Un principe d'inférence valide lui est équivalent, le principe de *substituabilité des identiques salva veritate* (« qui préserve la vérité ») : quels que soient P, x, et y, si P s'applique à x et que x est identique à y, alors P s'applique à y.

La *loi de Leibniz* comporte également le principe réciproque, à savoir l'*identité des indiscernables* : x et y étant deux objets quelconques, si tout attribut possédé par l'un est également possédé par l'autre et réciproquement, alors x est identique à y. En formule logique, cela donne : $\forall P (Px \leftrightarrow Py) \rightarrow x = y$. On peut considérer que la loi de Leibniz suffit à définir l'identité (autrement dit que l'identité s'y réduit) mais telle n'est pas l'optique de Frege selon qui la loi ne fait qu'exprimer la caractéristique d'une relation qui lui préexiste (une relation que tout objet entretient avec lui-même). Pour Frege, l'énoncé d'identité $a = b$ exprime le fait que les deux noms propres a et b ont la même Dénotation ; l'identité énoncée entre deux expressions y est donc avant tout leur co-dénotation.

Frege défend le principe de *compositionnalité des Dénotations*, qui n'est autre qu'une nouvelle formulation, étendue, du principe de substituabilité des identiques : deux expressions co-dénotatives x et y peuvent être substituées l'une à l'autre dans une expression globale en en préservant la Dénotation. Selon ce nouveau principe, non seulement l'identité a été remplacée par la co-dénotation, mais de plus les cas d'expressions envisagés ne se restreignent plus aux seuls énoncés. La substitution peut affecter un nom propre complexe : « JH » et « JPS » étant deux expressions co-dénotatives, « le fils de JH » et « le fils de JPS » le sont également ; elle peut concerner un prédicat, comme « être un fils de JH », qui possède la même Dénotation que «être un fils de JPS»; et enfin un énoncé: «JH est une rock-star» possède la même Dénotation que «JPS est une rock-star».

Frege ne limite pas son principe aux Dénotations, il l'étend aux Sens. Le principe de compositionnalité est d'ailleurs, au-delà du contexte frégéen, très majoritairement admis par les sémanticiens. La compositionnalité régit la sémantique usuelle des langages logiques du premier ordre qui est, comme leur syntaxe, fondée sur des définitions inductives – mais cela seul ne suffirait pas à en justifier l'adoption pour les langues naturelles. Un de ses arguments de vente les plus sérieux est de type psycholinguistique: étant donné l'infinité des énoncés constructibles à l'aide de la syntaxe des langues naturelles et le caractère fini de nos capacités cognitives, la compositionnalité qui fait dépendre la signification d'une expression complexe de celle de ses composantes et de leur organisation, permet d'expliquer notre capacité à comprendre la signification d'une quantité indéfinie de nouveaux énoncés. Cet argument est externe à une théorie de la signification dépsychologisée. Qui plus est, il n'est pas définitif, mais relève de raisons qui comptent pour qui veut élaborer une conception pertinente de la signification: la plausibilité cognitive.

Valeurs des prédicats et des énoncés

Dans la théorie de Frege, le principe de compositionnalité des valeurs sémantiques intervient comme une contrainte de construction. La Dénotation des prédicats et des énoncés doit ainsi la respecter.

La Dénotation d'un prédicat est conçue comme dépendant entièrement des individus auxquels il s'applique. La solution frégéenne n'est pas immédiate: elle intègre une distinction supplémentaire entre expressions *saturées* et *insaturées*, les premières (les noms propres et les énoncés) étant autonomes, tandis que les secondes (les prédicats) sont incomplètes et nécessitent d'être saturées par d'autres expressions. La distinction renvoie à la *querelle des universaux* : les prédicats *nomment*-ils des entités (les universaux : propriétés, classes, ou autres…) à la manière des noms propres qui désignent leurs porteurs, ou sont-ils l'expression de concepts *dans nos têtes*, que nous employons pour classer les individus dans le monde ? En repoussant l'idée d'une Dénotation saturée pour les prédicats, Frege s'écarte d'une version grossière de la première option, le réalisme des universaux. Selon lui, la Dénotation d'une expression insaturée est alors un *concept* (non saturé). Cette « nature prédicative du concept »[1] est liée au rôle logique des prédicats qui les dénotent mais elle est perdue dès que le concept est mentionné : « *homme* » dénote un concept, mais « le concept *homme* » dénote un objet. Pour autant, le concept selon Frege n'est pas dans nos têtes : il est bien réel, une entité du *troisième domaine*, à ne pas confondre avec une représentation mentale.

Par la suite Rudolf Carnap reprendra l'approche dualiste de Frege mais sans tenir compte de cette distinction entre expressions saturées et insaturées, ni du résultat frégéen : pour Carnap la Dénotation d'un prédicat est l'extension, *i.e.* la classe des objets auxquels le prédicat s'applique, tandis que le Sens est réduit à l'intension, *i.e.* à la donnée de l'extension en fonction des *descriptions d'états* du monde. De cette façon, la théorie de la signification gagnera en simplicité. On peut cependant s'interroger sur l'impact de ce geste. La sémantique peut-elle ainsi être dissociée d'enjeux métaphysiques ou ontologiques ? Le gain en cohérence et en simplicité est-il alors utile pour acquérir une compréhension philosophique de ce

---

1. Frege, « Concept et objet » (1892), trad. fr. Cl. Imbert, *op. cit.*, p. 133.

qu'est la signification? En outre, l'assimilation du Sens à l'intension entraîne la réduction de la synonymie à l'équivalence logique, ce qui n'est pas sans soulever de multiples problèmes comme nous le verrons.

Revenons à la construction de la théorie frégéenne. Le cas des énoncés est certainement le plus troublant. Pour atteindre la Dénotation, Frege passe par la co-dénotation. La conjonction des principes de Frege et de Leibniz conduit au résultat que deux énoncés co-dénotatifs sont matériellement équivalents. Deux possibilités semblent alors s'offrir : 1) la co-dénotation n'est rien d'autre que l'équivalence matérielle, et la Dénotation n'est rien d'autre que la valeur de vérité; 2) la co-dénotation est l'équivalence logique, c'est-à-dire la nécessité de l'équivalence matérielle. Le cas (2) est certainement préférable à première vue, car il permettrait de rendre compte plus finement des cas de synonymie au niveau des Dénotations. On peut ainsi considérer :

A. JPS a trois enfants.
B. JH a trois enfants.
C. Nicolas Sarkozy est volubile.

Pour l'argument, je vais supposer que les trois énoncés sont vrais, par conséquent matériellement équivalents. Ici (A) et (B) sont en outre logiquement équivalents (il est impossible que (A) soit vrai et (B) faux, ou l'inverse) tandis que (A) et (C) ne le sont pas (il est par exemple logiquement possible que (A) soit vrai et (C) faux). Or il semble intuitivement que la proximité de sens entre (A) et (B) est plus forte que celle entre l'un des deux énoncés et (C). Mais cela ne peut pas fonctionner ainsi, comme le montre l'exemple suivant :

D. Le président de la république française élu en 2007 est volubile.

(D) résulte de (C) par substitution à « Nicolas Sarkozy » d'un *nom propre (complexe)* de même Dénotation, « Le président… ». Conformément au principe de compositionnalité, (D) et (C) ont la même Dénotation. Pourtant (D) et (C) ne sont pas logiquement équivalents puisqu'il est logiquement possible que (C) soit vrai et (D) faux – par exemple si on envisage la possibilité que le président élu en 2007 n'ait pas été Sarkozy. La solution (2) échoue, et il faut se rabattre sur (1) : la Dénotation d'un énoncé, c'est sa valeur de vérité.

Tous les énoncés renvoient par conséquent sur deux objets : le Vrai et le Faux. Le principe de compositionnalité des Dénotations s'étend ensuite aisément aux énoncés complexes produits par application de connecteurs propositionnels (« non », « et » …) à d'autres énoncés : la Dénotation (valeur de vérité) d'un énoncé complexe de la forme « non-φ_1 ou φ_2 » ($\neg\varphi_1 \vee \varphi_2$) dépend exclusivement des Dénotations (valeurs de vérité) de φ_1 et φ_2.

La solution est cependant surprenante pour qui pense intuitivement que les énoncés renvoient à des *faits* ou des *états de choses*, réalisés ou non dans le monde, en bref à des entités structurées éventuellement concrètes plutôt qu'à ces deux entités abstraites. Toute la subtilité des significations des énoncés se retrouve alors au niveau du Sens, le mode d'accès à la valeur de vérité. Le Sens des énoncés est une Pensée frégéenne : il est ce qui est exprimé par les phrases, et qui détermine leurs conditions de vérité – ce qui doit être le cas pour que lesdites phrases soient vraies.

On doit finalement dissocier plusieurs cas. Deux énoncés peuvent partager leur Sens (donc la Dénotation) sans avoir la même connotation : « Elle est venue » ; « Ce n'est pas vrai qu'elle n'est pas venue » (en réponse à « Marie n'était pas là ce soir »). Mais comme on l'a signalé précédemment, cette dimension subjective n'est pas du ressort de la théorie de la signification.

Les contextes indirects (ou « obliques »)

Frege offre également une solution aux énigmes liées aux contextes dits *obliques*, les contextes doxastiques ou épistémiques *i.e.* relevant de la croyance ou de la connaissance d'un agent. Si l'on considère un énoncé comme celui-ci :

E. Paul croit que JH est porte-parole de l'Élysée

il est intuitivement important, dans l'attribution de croyance qu'il exprime, qu'il soit fait référence à JH *en tant que* Johnny Hallyday. Autrement dit, cette phrase n'est manifestement pas équivalente à la suivante :

F. Paul croit que JPS est porte-parole de l'Élysée

car Paul pourrait ne pas croire que JH est identique à JPS, ce qui rendrait possible d'avoir (E) vraie et (F) fausse. Pourtant, entre (E) et (F), on a bien substitué l'une à l'autre deux expressions co-dénotatives. Alors s'agit-il d'une invalidation de la théorie ?

Frege répond qu'on n'a pas ici affaire à un contexte direct, mais à un contexte oblique où les expressions prennent pour Dénotation leur *Sens* habituel. Autrement dit, l'échec de la substituabilité entre (E) et (F) réside dans le fait que les noms propres « JH » et « JPS » n'y ont pas leur Dénotation habituelle, et qu'ils n'ont finalement pas la même Dénotation.

Le problème des termes singuliers vides

Frege est explicite sur le fait que pour lui, l'usage d'un nom propre présuppose l'existence d'un porteur[1]. Le cas des termes

---

1. *Cf.* G. Frege, « Sens et dénotation », *op. cit*, p. 115-116.

singuliers vides est alors problématique pour sa conception. Frege les traite comme fictionnels, tout en repoussant la fiction au-delà du champ d'application de sa théorie.

Une phrase comme «Le gros ogre vert du bois de Boulogne est parti en vacances» ne peut pas dénoter puisque sa Dénotation dépend de celle de ses composantes, donc notamment du nom propre complexe qui tient lieu de sujet, et qui ici ne dénote rien. Cette phrase est donc selon Frege dénuée de valeur de vérité, de même que tous les énoncés fictionnels pour lesquels, par principe, la question de la vérité ou de la fausseté ne nous intéresse pas. L'affirmation est cependant gênante quand toute la théorie de la signification est construite sur l'expression des conditions de vérité : la fiction est d'emblée déclarée hors-jeu.

Une réponse consiste à s'appuyer sur la compositionnalité, ou plutôt sur son complément : le *principe du contexte*. La conception de Frege s'appuie sur l'une comme sur l'autre. Le principe du contexte, connu également sous le nom de *principe de Frege*, repose sur l'idée que la phrase constitue l'unité de base de la signification linguistique : si les expressions ont une signification, c'est dans la mesure où cette signification contribue à la signification des phrases complètes où elles figurent.

À défaut de constituer un mode d'accès à sa Dénotation, le nom propre complexe « le gros ogre vert du bois de Boulogne » possède un Sens qui résulte du Sens des termes généraux « gros », « ogre », « vert » et du nom propre « bois de Boulogne » ; comme chacun de ces termes possède une Dénotation (éventuellement un concept vide, comme le concept d'ogre, mais une Dénotation quand même) chacun possède un Sens et peut ainsi contribuer à la constitution du nom propre en question.

Cette réponse est cependant au mieux partielle : la théorie frégéenne ne peut pas gérer des énoncés comme « Shrek est parti en vacances », où le nom propre vide est simple. Car alors la constitution de son Sens est exclusivement rapportée à sa Dénotation, qui n'existe pas. Invoquer le désintérêt de la fiction pour tout ce qui touche à la vérité est ici déplacé, pour plusieurs raisons.

Tout d'abord un énoncé peut comporter des noms propres vides sans que leurs auditeurs ou lecteurs le sachent. N'importe quel locuteur compétent du français comprend la phrase : « Gérald Anglassoux a fait de l'esclandre » au même titre que : « Nicolas Sarkozy a fait de l'esclandre », ce qui paraît impliquer une relative uniformité du traitement sémantique entre les deux phrases. Or, à supposer que Gérald Anglassoux n'existe pas, la théorie de Frege nous enjoint de traiter les deux phrases de façon distincte, la seconde exprimant une Pensée (*i.e.* ayant un Sens), la première pas. En outre, elle présuppose que l'auditeur ou le lecteur sache si le nom propre sujet dénote pour choisir de traiter la phrase ou non, ce qui contredit un principe intuitif admis par Frege par ailleurs, à savoir l'idée selon laquelle on doit pouvoir saisir le Sens d'un énoncé indépendamment de la saisie (éventuelle) de sa valeur de vérité.

Enfin, le rejet des noms propres vides dans la catégorie des fictions désintéressées quant à la vérité est éminemment problématique dans des cas de manipulations de (pseudo) noms propres vides dans des contextes scientifiques – que l'on considère les énoncés au sujet de Vulcain, cette planète autrefois postulée pour expliquer les anomalies de l'orbite de Mercure, ou les raisonnements qui peuvent débuter par « Soit h le plus grand des entiers naturels » visant à prouver la non existence de h.

En résumé, le Sens est tout à la fois la valeur cognitive des énoncés, le porteur de leur valeur de vérité, la Dénotation des énoncés indirects et l'objet des attitudes propositionnelles. La conception de Frege charge donc le Sens de plusieurs fonctions dont il n'est pas certain qu'une seule notion puisse les assumer de façon non contradictoire.

Russell

Outre les deux énigmes résolues par la sémantique frégéenne (informativité de l'identité et référence dans les contextes indirects), l'approche de Russell[1] vise à résoudre des problèmes laissés en suspens : la possibilité de la vérité des assertions existentielles négatives, et l'universalité du tiers-exclu.

Dans la théorie de Frege, affirmer « α n'existe pas », où « α » est un terme singulier (un *nom propre* dans la terminologie frégéenne) simple ou complexe, conduit à une absence de valeur de vérité. La formule logique correspondante, $\neg\exists x\ (x=\alpha)$, échoue à avoir une Dénotation (Vrai ou Faux) comme toute phrase dont l'un des constituants n'a pas de Dénotation. Mais intuitivement, on est loin ici des assertions fictionnelles au sujet desquelles, selon Frege, on serait en droit de se dispenser de la vérité. L'existence ou non d'un assassin à l'origine d'un décès, l'existence ou non d'un nombre premier strictement compris entre 3 et 7, sont des questions réputées plutôt *sérieuses*, qui devraient admettre une valeur de vérité.

Le tiers-exclu est également mis en cause dans le cas d'énoncés comportant des termes singuliers vides. En effet, si « l'actuel roi de France » dénotait, il serait considéré comme un nom propre complexe et formalisé par une constante individuelle, disons ρ; alors en admettant que le symbole « Cx » représente « x est chauve », on devrait avoir une instance du

---

1. L'essentiel de l'approche russellienne se trouve dans les *Principles of Mathematics*, Cambridge, Cambridge UP, 1903, et dans son célèbre article « On denoting », *Mind* 14, 1905, p. 479-493.

tiers-exclu avec la formule $C\rho \vee \neg C\rho$ qui est considéré comme valide en logique classique. Mais comme ρ ne dénote pas, cette formule, qui le comporte, ne dénote pas non plus : elle n'est ni vraie ni fausse.

Une autre théorie de la signification

Explorons tout d'abord les caractéristiques centrales de la sémantique russellienne, notamment ce qui concerne les termes singuliers : ses caractéristiques *verticales* (ce qui constitue la valeur sémantique des expressions linguistiques), ses caractéristiques *horizontales* (la catégorisation des expressions des langues naturelles), enfin l'analyse originale des descriptions définies.

1) *Caractéristiques verticales*. Russell défend une conception moniste, à première vue purement référentielle de la signification. Sa théorie se démarque de celle de Frege, et renoue avec l'approche antérieurement défendue par John Stuart Mill dans son *Système de Logique* (1866). Chez Russell, le niveau sémantique unique auquel le langage est relié est composé d'entités avec lesquelles nous sommes en accointance (*acquaintance*), autrement dit dont nous avons une connaissance directe, non médiatisée. La théorie de la signification est ainsi fortement assise sur une épistémologie, notamment sur sa distinction entre deux modes de connaissance : connaissance directe *vs.* connaissance par description.

2) *Caractéristiques horizontales*. La classe des noms propres est rétrécie de façon drastique. Russell introduit pour les termes singuliers une distinction entre noms propres au sens strict (ou *noms propres authentiques*) et *descriptions définies*. Cette distinction repose sur (et coïncide avec) l'écart entre les deux modes de connaissance cités. Si j'emploie une description définie comme : « la statue qui occupe le centre de la place Stanislas à Nancy » pour dire par exemple qu'elle est

disproportionnée, un auditeur pourra me comprendre et, par suite, acquérir une éventuelle connaissance au sujet de ladite statue même s'il n'a jamais été en contact direct avec elle : il s'agira d'une connaissance conceptuelle, ou par description.

Que peut être alors un cas de connaissance directe d'un objet ? Russell en donne une version empiriste radicale et teintée de scepticisme qui n'est pas impliquée par sa distinction, et dont on verra que Kripke saura s'émanciper. Ainsi ne peut-on avoir, selon Russell, de connaissance directe que de ses propres données sensorielles et de soi-même : la classe des noms propres authentiques se restreint à quelques *indexicaux* (expressions dont la référence est déterminée par le contexte d'énonciation) comme « ceci », « cela », « ici » ou « je ». Russell conserve ainsi l'idée frégéenne que tout nom propre présuppose l'existence du référent qu'il nomme.

3) *L'analyse logique des descriptions définies.* Pour Russell, les descriptions définies ne désignent pas comme les noms propres, elles sont avant tout des quantifications et, plus précisément, des assertions existentielles. Les descriptions définies n'ont pas de *signification* hors du contexte d'une phrase, elles ont au mieux une *dénotation*. L'exemple très célèbre traité dans « On denoting » est celui d'une description définie qui échoue parce qu'elle est vide : « l'actuel roi de France » (employée en 1905) dans l'énoncé « L'actuel roi de France est chauve ». Tandis que Frege l'aurait traitée comme un nom propre complexe avec les difficultés mentionnées plus haut, Russell l'analyse comme camouflant une quantification. Il faut la paraphraser, dans le contexte de la phrase, de la façon suivante : « Il existe un individu et un seul qui est actuel roi de France et qui est chauve ». L'analyse est ensuite poussée plus loin : « Il existe (au moins) un individu x qui est actuel roi de France, et pour tout individu y, si y est actuel roi de France alors y est identique à x, et x est chauve ». Formalisée en logique

du premier ordre, pour un prédicat complexe R quelconque, l'expression « le R » est notée $(\iota x.\, Rx)$, et si cette expression est à son tour prédiquée d'un symbole C (« le R est C »), on obtient :

$$C(\iota x.\, Rx) \Leftrightarrow \exists x\,(Rx \wedge \forall y\,(Ry \rightarrow y = x) \wedge Cx).$$

Cette analyse est débarrassée de tout terme singulier, que la description réussisse par l'existence d'une unique dénotation, ou qu'elle échoue – par le vide, ou parce qu'elle possède trop de dénotations comme « l'évêque de France ».

L'analyse russellienne des descriptions ne vaut pas que pour les descriptions définies explicites comme « l'actuel roi de France ». Elle vaut également pour tous les noms propres ordinaires qui, comme on l'a dit, ne sont pas considérés comme des noms propres authentiques. Ce qui ressort est un système où les descriptions définies et les noms propres ordinaires sont analysés en tant que descriptions définies, les seuls noms propres authentiques étant des indexicaux.

Effets attendus : la résolution d'énigmes

1) *La valeur informative des énoncés d'identité.* L'exemple de Frege (« Hesperus est identique à Phosphorus ») n'est pas vraiment un cas d'identité informative selon Russell, car ce n'est pas vraiment un cas d'identité. Derrière chacun des noms propres « Hesperus » et « Phosphorus » se cache une description définie, l'énoncé apparent d'identité cachant une double assertion existentielle suivie d'une identification des dénotations. Si « Hx » symbolise « x est étoile du soir », et « Px », « x est étoile du matin », alors, l'identité « Hesperus est identique à Hesperus » est bien une formule vide au sens où si « Hesperus » dénote bien un individu et un seul, alors

la formule est obligatoirement vraie (dans la sémantique frégéenne on avait une formule valide [1]) :

$$\exists x\,\exists y\,(Hx \wedge \forall z(Hz \rightarrow z=x) \wedge Hy \wedge \forall z(Hz \rightarrow z=y) \wedge x=y)$$

tandis que l'identité « Hesperus est identique à Phosphorus » est moins triviale (elle peut être falsifiée par d'autres cas que la non satisfaction de l'une des descriptions) :

$$\exists x\,\exists y\,(Hx \wedge \forall z(Hz \rightarrow z=x) \wedge Py \wedge \forall z(Pz \rightarrow z=y) \wedge x=y).$$

2) *Les termes singuliers vides*. L'analyse des descriptions définies s'est précisément constituée à partir de l'analyse de tels termes. Les noms propres vides sont réduits à des descriptions définies vides, qui sont elles-mêmes analysées comme des énoncés existentiels faux.

3) *Les assertions existentielles négatives*. Énoncer la non-existence d'inexistants est trivial dans l'analyse de Russell. Si on a affaire à un terme singulier du type nom propre ordinaire ou description définie, cela camoufle une description définie, analysée par une assertion existentielle. L'énoncé de la non-existence est alors la négation de cette assertion.

4) *Le tiers exclu*. Grâce au traitement russellien des descriptions définies, on restaure le tiers exclu. L'analyse part du constat qu'une phrase comme « l'actuel roi de France est chauve ou n'est pas chauve » comporte une ambiguïté selon que la portée de la description est large et inclut la disjonction, ou qu'elle est étroite et sous la dépendance de cette dernière. Dans le premier cas (*occurrence primaire* de la description), ce que signifie la phrase est qu'il existe un individu unique qui

---

1. La formule russellienne est fausse dès lors que la description correspondant à « Hesperus » n'est pas satisfaite – qu'il y ait plusieurs, ou aucun objet ne satisfaisant la description.

est actuel roi de France, et que cet individu est chauve ou n'est pas chauve :

$$\exists x \, (Rx \wedge \forall y \, (Ry \rightarrow y = x) \wedge (Cx \vee \neg Cx))$$

ce qui n'est pas une instance du tiers-exclu et se trouve faux. Dans le second cas (*occurrence secondaire* de la description), la phrase signifie qu'il existe un individu unique qui est actuel roi de France et qui est chauve, ou que cela n'est pas le cas :

$$\exists x \, (Rx \wedge \forall y \, (Ry \rightarrow y = x) \wedge Cx) \vee \neg \exists x \, (Rx \wedge \forall y \, (Ry \rightarrow y = x) \wedge Cx)$$

qui est cette fois une instance du tiers exclu et demeure vrai. Le jeu sur les différentes *portées* du quantificateur est évidemment infaisable quand les termes singuliers sont traités comme des constantes individuelles.

5) *Les contextes indirects*. Pour Russell, les contextes obliques ne soulèvent pas de problème spécifique. La phrase « Scott est l'auteur de *Waverley* », Scott étant pour l'exemple considéré comme un nom propre, n'est pas un énoncé d'identité entre deux constantes individuelles mais une phrase existentielle. Dès lors, la question de la substituabilité des identiques *salva veritate* dans un contexte oblique comme « George IV voulait savoir si Scott était l'auteur de *Waverley* » ne se pose pas, faute de combattants, car elle ne se pose déjà pas pour la phrase qui exprime le contenu propositionnel de l'attitude.

Mieux, Russell utilise les portées relatives des constantes logiques pour traiter des énoncés de ce type. Ainsi, la phrase « George IV voulait savoir si Scott était l'auteur de *Waverley* » supporte deux interprétations, selon que l'on prête une occurrence primaire ou secondaire à la description « l'auteur de *Waverley* », *i.e.* une portée large ou étroite au quantificateur existentiel qui y intervient relativement au verbe d'attitude (« voulait savoir si »).

D'autres aspects et conséquences de la théorie

À côté des noms propres qui *signifient* (*mean*) leur porteur, la théorie russellienne observe que les termes généraux (substantifs ou adjectifs, et verbes ou prépositions des langues naturelles) *signifient* des concepts ou des universaux (prédicats et relations)[1]. La Proposition russellienne constitue alors la *Signification* (*meaning*) d'une phrase[2] : c'est une entité complexe composée des Significations des expressions composant la phrase, *i.e.* des objets individuels désignés par les noms propres et des universaux désignés par les noms généraux.

La Proposition structurée de Russell peut ainsi être assimilée à un *état de choses* ou un *fait*[3] ; elle possède une granularité semblable à la Pensée frégéenne, mais se situe résolument du côté de la référence. La dénotation d'une description définie est en dehors de la Signification, mais pas la référence d'un nom propre. On peut y voir un défaut de la sémantique russellienne. C'est au moins un décalage par rapport à l'interprétation modèle-théorétique standard qui s'imposera par la suite, suivant laquelle les dénotations des descriptions définies sont, au même titre que les référents des noms propres logiques (valeurs des constantes individuelles), des *objets* du

---

1. Voir B. Russell, *The Problems of Philosophy* (1912), trad. fr. S.M. Guillemin, *Problèmes de philosophie*, Paris, Payot, 1968, chap. 9.

2. Dans la suite, j'emploie *Signification* et *Proposition* avec une majuscule pour exprimer le sens spécifique qu'en donne Russell quand il emploie respectivement *meaning* et *proposition*.

3. Le traitement des descriptions permet à cette conception d'échapper à l'argument dit *du lance-pierre*, qui réduit les faits à un unique grand Fait. Pour une présentation de cet argument, que je n'ai pas la place d'exposer ici, le lecteur pourra se reporter à Ph. de Rouilhan, *Frege et les paradoxes de la représentation*, Paris, Minuit, 1988, p. 43-45.

domaine, les universaux (Signification des termes généraux) correspondant quant à eux aux relations sur le domaine.

Cela étant, la Proposition russellienne n'est pas définie comme composée d'éléments du monde ; elle est construite comme étant composée d'entités avec lesquelles nous sommes en accointance : objets concrets existants et objets idéels subsistants. Ici réside une justification du rejet des dénotations des descriptions à l'extérieur des Propositions, ces dénotations étant précisément connues... par description, du moins quand elles existent. Chez Russell (comme chez Frege) un authentique nom propre ne peut pas échouer à référer. Les référents des noms propres sont alors précisément ce dont l'existence ne peut pas être mise en doute : le sujet et les sensations (*sense data*) particulières ; mais pas les autres, ni les objets physiques (au-delà des sensations). Cette exigence explique la restriction très forte de la classe des noms propres. On aboutit ainsi à un fort décalage entre instruments formels et langue naturelle.

Même si elle est dénuée de Signification en tant que telle, la contribution d'une description définie à la Signification d'un énoncé n'est évidemment pas nulle. Analysée en termes de quantification, le pseudo terme singulier est éclaté en divers composants (noms propres et noms généraux) qui figurent dans la Proposition résultante. La connaissance par description d'un particulier se trouve ainsi finalement réduite à une connaissance directe, non pas de ce particulier, mais des universaux et d'éventuels autres particuliers impliqués par la description en question.

On voit sur la question de la Proposition à quel point la sémantique moniste de Russell se sépare de l'approche dualiste de Frege. Pour ce dernier, la proposition se situe au niveau intermédiaire du Sens idéal : c'est la Pensée exprimée par l'énoncé. Une conséquence de cet écart concerne les *propositions* dites *singulières*, qui sont *directement* à propos d'un objet. Ces propositions sont traitées par la conception de Russell, l'objet de la proposition figurant à l'intérieur de la proposition elle-même, tandis qu'elles sont de fait rejetées par la théorie de Frege. Cet écart se manifeste sur le plan des attitudes propositionnelles : la proposition singulière traduit le fait que le locuteur est en accointance avec l'objet chez Russell, tandis qu'un locuteur n'est jamais en contact direct avec un objet chez Frege, sa pensée à propos du monde étant toujours médiatisée par la couche du Sens.

La conception standard

Issue de la sémantique frégéenne et de l'analyse russellienne des descriptions s'est imposée une conception standard de la signification, parfois dite « de Frege et Russell ». Je vais en résumer ici quelques-unes des caractéristiques.

À la différence des approches développées par les linguistes pendant les trois premiers quarts du XXe siècle, comme les théories sémantiques structurales de Katz ou de Jackendoff, les conceptions élaborées par les philosophes dans le sillage de Frege et Russell sont des conceptions logiques et *vériconditionnelles* : la signification est censée relever du rapport entre langage et monde, et une théorie sémantique est supposée produire les conditions de vérité des énoncés. Cette approche est somme toute conforme à la vision philosophique traditionnelle qui veut qu'un concept soit défini par les conditions nécessaires et suffisantes de son application.

Frege a légué une conception plutôt imprécise du Sens (*Sinn*) : intermédiaire entre l'expression et la Dénotation, on sait seulement qu'il s'agit d'une entité objective idéale saisie par le sujet pour accéder à la Dénotation, et qui fait aussi fonction de Dénotation des expressions en contexte indirect. Quelle est la *nature* du Sens ? Plusieurs réponses ont été proposées après Frege, constituant autant de théories que l'on peut qualifier de *néo-frégéennes*. Une première théorie sur laquelle je reviendrai, due à Montague, donne une définition mathématique du Sens d'une expression : il s'agit d'une fonction qui associe à chaque monde possible la Dénotation de cette expression dans ce monde.

Moins formelles, d'autres approches néo-frégéennes reprennent l'analyse russellienne des noms propres ordinaires : quand Russell dévoile une description définie comme forme logique d'un nom propre ordinaire, certains néo-frégéens en font l'expression du *Sens* du nom propre. Suivant ces contributions, les noms propres ordinaires sont systématiquement synonymes de descriptions définies, et la Dénotation d'un nom est l'unique objet qui satisfait la description correspondante. C'est cette conception, le *descriptivisme*, parfois qualifié de « théorie orthodoxe », qui sera la cible de Kripke et des partisans de la référence directe.

Les autres aspects de la conception standard sont plus fidèles à Frege (revu et amendé par Carnap) qu'à Russell : la théorie est dualiste, les expressions ont une intension et une extension, et les énoncés dénotent des valeurs de vérité tout en exprimant des conditions de vérité.

La conception standard est (partiellement) renforcée par la sémantique des langages formels qui sera abordée plus loin. C'est lié au fait que Frege comme Russell ont employé dans leur analyse du langage des instruments logiques, qu'ils ont par ailleurs eux-mêmes produits : la logique du premier ordre (ou calcul des prédicats), qui est la logique classique contemporaine, est le langage formel dans lequel les énoncés des langues naturelles sont traduits pour être analysés. La méthode est explicite chez Russell qui emploie la formalisation pour démêler les ambiguïtés de portée des descriptions, le recours à la formalisation pour une bonne explication du fonctionnement du langage étant depuis devenu presque une constante de la tradition analytique.

(Dés)engagements ontologiques

On a vu à partir de l'exposé des conceptions de Frege et Russell de quelle manière les questions de philosophie du langage ont été systématiquement liées à des questions ontologiques ou métaphysiques. La conception standard de la signification succinctement présentée ci-dessus est habituellement doublée d'une opinion assez largement partagée concernant l'ontologie des valeurs sémantiques.

Traditionnellement le langage était réputé référer systématiquement au monde, ce dont on trouve une trace explicite chez Platon : le discours peut être vrai ou faux, mais il est donc toujours *à propos* de quelque chose[1]. Cette conception du langage relève d'une position que l'on peut appeler un *réalisme brut*. La même position est endossée par Russell avant 1905[2] : si l'on considère un énoncé comme « Shrek n'habite pas dans les bois », que cet énoncé soit vrai ou faux, on doit accorder l'*être* à l'inexistant désigné par « Shrek ». Le réalisme brut se traduit plus précisément par l'idée que *chaque expression linguistique réfère* à quelque chose.

À partir de 1905, Russell initie cependant un progressif désengagement ontologique : l'usage des descriptions définies, à la différence de celui des noms propres, ne suppose pas d'admettre d'entité dans l'ontologie, mais seul leur usage véridique produit un engagement[3]. Les noms communs comme

---

1. « Quand il y a un discours, ce doit être un discours qui porte sur quelque chose ; un discours qui ne porte sur aucune chose est impossible », Platon, *Le sophiste*, 262e.

2. B. Russell, *The Principles...*, *op. cit.*, § 47 et 427.

3. *Cf.* D. Vernant, *Bertrand Russell*, Paris, Flammarion, 2003, chap. 3.

« homme » ou « table » *signifient* quant à eux des universaux qui figurent dans la Proposition et dans l'ontologie. L'onto-logie comporte alors la totalité des valeurs sémantiques, *i.e.* des éléments composant la Proposition russellienne : les parti-culiers existants, désignés par les noms propres, et les concepts ou universaux subsistants, désignés par les prédicats et termes de relations. Russell repousse alors l'idéalisme comme le conceptualisme et adhère explicitement à une position réaliste platonicienne :

> Ce que de nombreuses pensées concernant la blancheur ont en commun c'est leur *objet*, et cet objet est différent de toutes les pensées concernant la blancheur. Ainsi, les universaux ne sont pas des pensées, bien que, une fois connus, ils deviennent les objets des pensées [1].

Ainsi le désengagement ontologique ne concerne-t-il que le niveau du langage (*certaines* expressions sont telles que leur usage n'implique pas d'engagement ontologique) et absolu-ment pas celui des *valeurs sémantiques*. Frege comme Russell attribuent en effet un *poids ontologique* à toutes les entités sémantiques : Sens (*Sinn*) et Dénotation (*Bedeutung*) qui peuplent deux mondes distincts mais également réels chez Frege, Signification (*meaning*) et dénotation (*denotation*) des descriptions qui peuplent le monde chez Russell. Dualisme et monisme sont ainsi d'emblée transposés du terrain proprement sémantique vers celui de l'ontologie.

Par la suite, Russell va renoncer à la plupart des universaux (prédicats ou relations) pour ne conserver que la relation de ressemblance – les autres universaux pouvant être recons-

---

1. B. Russell, *Problèmes de philosophie*, *op. cit.*, p. 115.

truits, sur un mode empiriste, en termes de ressemblance entre des particuliers. Comme on l'a signalé, le statut des termes généraux était déjà loin d'être simple chez Frege : appréhendés en tant que *fonctions*, il s'agit d'entités insaturées clairement distinctes des objets, arguments ou valeurs de ces fonctions. Leur accueil dans l'ontologie est discutable. Une position conceptualiste en ferait des non-entités, les termes généraux impliquant nos capacités classificatoires, nos modes d'intellection des objets, plutôt que des réalités universelles objectives. Ce n'est donc pas la position de Frege qui défend un authentique réalisme en la matière. Cette position ontologique paraît ainsi étroitement solidaire de celle, plus générale, en faveur d'une interprétation réaliste des entités sémantiques.

Quine inaugure une rupture radicale avec cette approche de l'ontologie. Il rejette l'idée russellienne de l'existence d'une catégorie de noms propres authentiques délimitée suivant un critère épistémique ou génétique[1]. Par suite, il préconise simultanément d'éliminer tous les noms propres qui incarnaient jusque-là le mode d'accès par excellence aux particuliers présents dans le monde et de situer l'engagement ontologique au niveau des seules variables (ou des pronoms) :

> Tout ce que nous pouvons dire à l'aide des noms peut être dit dans un langage qui évite complètement les noms. Être admis comme une entité c'est, purement et simplement, être reconnu comme la valeur d'une variable. Dans les termes de la grammaire traditionnelle et de ses catégories, cela revient *grosso*

---

1. « De toute manière, l'entreprise est sans espoir, parce que chacun a sa propre histoire, en fait d'apprentissage des termes, et que personne ne s'en souvient », W.V. Quine, *Word and Object*, Cambridge (Mass.), MIT Press, 1960, trad. fr. J. Dopp et P. Gochet, *Le Mot et la chose*, Paris, Flammarion, 1977, § 37, p. 252.

modo à dire qu'être, c'est être dans le domaine de référence d'un pronom[1].

Pour éliminer les noms propres, Quine systématise la méthode russellienne d'analyse des noms propres ordinaires et l'étend à tous les termes singuliers. Un nom propre comme « Shrek » est ainsi analysé en une description définie « l'unique individu qui shrekise », et un énoncé comme « Shrek boit » est traité comme un énoncé existentiel : « Il existe exactement un individu qui shrekise ; *il* boit » – soit en formule : $\exists x\,(\text{shrekise}(x) \land \forall y\,(\text{shrekise}(y) \to y = x) \land \text{boit}(x))$. Le pronom *il* dans « *il* boit » est représenté par la dernière occurrence de la variable x, liée par le quantificateur existentiel, ce qui assure sa co-référence (éventuelle) avec les deux autres occurrences de x dans la formule. On n'a pas ici à admettre d'entité dans l'ontologie selon Quine puisque, la phrase étant fausse, le domaine de référence du pronom « *il* » est simplement vide.

Quine a formulé son critère d'engagement ontologique pour les théories formalisées : *être, c'est être la valeur d'une variable (quantifiée)*, énonce ce qu'une théorie suppose qu'il y a, autrement dit ce qu'elle nous engage à admettre dans l'ontologie si elle est tenue pour vraie. Il a ensuite étendu le champ d'application de son critère à tout le langage en préconisant l'*embrigadement* de la langue naturelle dans la *notation canonique*, la logique du premier ordre[2].

1. W.V. Quine, « On What There Is », *Review of Metaphysics* 2, 1948, trad. fr. J. Vidal-Rosset *et alii*, « De ce qui est », dans W.V. Quine, *Du point de vue logique*, Paris, Vrin, 2003, p. 40.

2. *Cf.* P. Gochet, « L'être selon Quine », dans J.-M. Monnoyer (dir.), *Lire Quine. Logique et ontologie*, Paris-Tel Aviv, L'Éclat, 2006, p. 185-209, p. 190. Rappelons que la logique du premier ordre limite la quantification aux variables individuelles ($\exists x$, $\forall x$...) qui prennent leurs valeurs parmi les objets (*i.e.* les

Quine offre ainsi une échappatoire à l'« ontologisation » généralisée de la sémantique qui était plus ou moins en vigueur jusque-là. En limitant le poids ontologique à *une seule* catégorie syntaxique d'expressions, son critère permet d'utiliser les expressions *des autres* catégories sans avoir à reconnaître d'entités supplémentaires. En restreignant ensuite le remplacement par des variables quantifiées aux seuls termes singuliers grammaticaux par sa canonisation du premier ordre, Quine s'assure une ontologie « nominaliste » relativement bon marché. En effet les prédicats employés dans nos énoncés n'ont plus de portée ontologique tant qu'ils ne sont pas susceptibles de remplacer des variables, donc tant que l'on reste en-deçà du second ordre.

Pour Quine, prédicats et universaux relèvent de l'*idéologie* et non de l'*ontologie*. On peut désormais affirmer véridiquement « Socrate est sage » sans avoir à accueillir la sagesse (en tant qu'universel : le concept de sagesse, la propriété de sagesse, etc.) au sein de l'ontologie. Tout au plus Quine est-il prêt à admettre les *classes* dans l'ontologie, dans la mesure où on ne peut pas se passer de la théorie des ensembles et où cette dernière, qui quantifie sur les classes, peut être formalisée en logique du premier ordre. Cette admission ne concerne les classes qu'*en tant qu'objets* (c'est-à-dire en tant que valeurs de variables du premier ordre quantifiées dans des énoncés vrais) et ne se généralise absolument pas aux prédicats utilisés dans nos énoncés.

---

particuliers); elle se distingue de la logique du second ordre et des logiques d'ordre supérieur qui admettent la quantification sur des variables de prédicats ($\exists X$, $\forall Y$...) prenant leurs valeurs parmi les classes d'objets ou de suites finies d'objets.

L'admission potentielle des classes, quand on la rapproche du rejet des concepts ou propriétés, renvoie à une autre caractéristique de la position de Quine : son rejet des notions intensionnelles hors de l'ontologie. Ici, c'est un second critère que Quine fait intervenir : *pas d'entité sans identité*. Le critère d'extensionnalité pour les classes offre des conditions d'identité parfaitement claires : une classe est individuée par les éléments qu'elle contient ; deux classes sont identiques si et seulement si elles comportent exactement les mêmes éléments. La situation est tout à fait différente pour les propriétés et les concepts. Il n'y a pas de condition nécessaire et suffisante permettant de déterminer, entre deux propriétés co-extensives, si elles sont identiques ou distinctes – ou, de façon analogue, entre deux concepts co-extensifs, s'ils sont identiques ou distincts. Cela implique pour Quine que ce ne sont pas des entités dignes de ce nom et qu'il faut les chasser de l'ontologie.

Quine a donc produit une approche qui allège singulièrement la sémantique : seuls les *objets* désignés par les termes singuliers (pronoms, noms propres ordinaires ou descriptions définies) des énoncés vrais sont susceptibles de peupler l'ontologie. L'ancrage du langage dans le monde n'a plus et de loin un aspect systématique. On pourrait dire qu'il est ici devenu discret.

SÉMANTIQUES FORMELLES

La sémantique formelle pour les langages formels : Tarski

Pour reprendre une distinction empruntée par Jaakko Hintikka[1] à Jean van Heijenoort et appliquée à l'analyse du

---

1. J. Hintikka, « On the Development of the model-theoretic viewpoint in logical theory », *Synthese* 77, 1988, p. 1-36.

langage, Frege, Russell et Quine s'inscrivent pleinement dans la *tradition universaliste*, tandis qu'Alfred Tarski amorce un tournant vers la *tradition des modèles*. Suivant la tradition universaliste (ou conception du *langage comme médium universel*), le langage est unique, inamovible, et on ne peut pas lui échapper (tout ce qui est exprimable s'y exprime, autrement dit rien de ce qui lui échappe n'est exprimable). Le langage universel étant systématiquement confronté au monde, les entités sémantiques attribuées aux expressions doivent, d'une façon ou d'une autre, relever du monde. Dans les approches respectives de Frege, Russell et Quine, cela se traduit par ce que j'ai qualifié plus haut d'*ontologisation* de la sémantique.

À l'opposé, la tradition des modèles (ou du *langage comme calcul*) envisage le langage comme un *organon* dont on peut modifier la sémantique, et que l'on peut éventuellement remplacer au profit d'un autre langage mieux adapté à nos buts. Il n'y a plus alors un langage universel rivé au monde actuel, mais différents jeux de langages permettant chacun de parler de différents mondes possibles.

Partant de la tradition universaliste, Tarski propose dans les années 1930 de considérer plusieurs langages (plus précisément une hiérarchie de langages) avant d'inaugurer plus tard la théorie des modèles et de passer entièrement à la nouvelle tradition. Tarski occupe cette position intermédiaire tout en étant réservé sur l'emploi de sa théorie sémantique pour les langues naturelles. Il inaugure cependant un tournant que d'autres étendront après lui.

En proposant sa théorie sémantique pour les langages formels, Tarski n'a pas pour objectif de donner une théorie de la signification mais une théorie de la *vérité*. Le concept de vérité est en effet source de nombreux paradoxes qui ont dissuadé les logiciens de s'occuper de notions sémantiques

– Frege, Russell, mais aussi Carnap dans un premier temps. Dans son travail, Tarski a fourni deux choses : un critère d'adéquation matérielle pour le bon usage d'un prédicat de vérité, et une théorie de la vérité.

Le critère d'adéquation matérielle

Le critère d'adéquation est une condition générale dont le respect par la définition d'un prédicat théorique donné assure que ce prédicat est un prédicat de vérité. Si Tr est candidat à être un prédicat de vérité, alors une théorie contenant Tr doit avoir comme conséquences tous les énoncés-T, c'est-à-dire toutes les équivalences (matérielles) de la forme :

$Tr(X)$ si et seulement si p

où « X » est le nom d'un énoncé, et p sa traduction (éventuellement homophonique) dans le langage de la théorie. Le critère d'adéquation s'appuie sur une notion pré-théorique de vérité. Une théorie comprenant un prédicat quelconque Tr satisfaisant le critère aura offert un prédicat extensionnellement équivalent au prédicat pré-théorique de vérité, suivant lequel un énoncé est vrai si et seulement si l'état de choses qu'il décrit est réalisé.

Pour un langage fini, on peut aisément construire un prédicat Tr au sein d'une théorie qui comporte les énoncés-T sous forme d'axiomes. Pour un langage infini et dans le cas général, Tarski a proposé une définition récursive de la vérité qui consiste en une réduction du concept (sémantique) de vérité à des concepts logiques et ensemblistes, via la notion de *satisfaction* par une suite d'objets. Ce faisant, Tarski s'assure à peu de frais la consistance de sa théorie : c'est une consistance relative à la théorie des ensembles.

Ce qui empêche Tarski d'envisager une telle définition pour les langues naturelles, c'est leur universalité qui suppose leur clôture sémantique : elles doivent permettre d'exprimer tout ce qui est exprimable, y compris leur propre théorie de la vérité. Une théorie de la vérité pour le langage naturel devrait alors produire à titre de conséquence l'énoncé-T pour un énoncé M signifiant sa propre fausseté : « $Tr(M)$ si et seulement si M est faux ». Mais l'adéquation de la théorie impliquerait alors que $Tr(M)$ signifierait que M est vrai, d'où une inconsistance. Cette incompatibilité entre complétude et consistance à incité Tarski à limiter l'application de sa théorie aux langage formels, non universels, susceptibles d'être étudiés en tant que *langages-objets* « de l'extérieur », c'est-à-dire depuis un *métalangage*.

Les langages formels classiques du premier ordre ne contiennent pas leur propre prédicat de vérité, qui est défini au sein d'un métalangage. L'issue de Tarski réside donc dans la considération d'une hiérarchie de langages : à partir d'un langage L_0, on construit un langage L_1 pour définir la sémantique de L_0 dont en particulier le prédicat *vrai-dans-L_0* ; puis on construit un langage L_2 pour définir la sémantique de L_1 dont en particulier le prédicat *vrai-dans-L_1* ; etc. Ainsi échappe-t-on aux énoncés paradoxaux comme l'énoncé M [1].

La définition tarskienne de la vérité

Tarski a, outre le critère d'adéquation matérielle, offert sa propre théorie de la vérité pour les langages logiques du premier ordre. Cette théorie repose sur une définition récursive et s'appuie donc sur le principe de compositionnalité dont on a vu qu'il était à l'œuvre dans la conception frégéenne de la

---

1. Le rapide exposé du critère de Tarski qui précède est directement inspiré de l'excellente présentation qui en est faite par F. Rivenc, *Sémantique et vérité. De Tarski à Davidson*, Paris, PUF, 1998.

signification. La définition tarskienne réduit le concept sémantique de *vérité* d'un énoncé au concept de *satisfaction* de cet
énoncé par une suite d'objets d'un domaine ou, dans la version
modernisée de la théorie, par une *assignation* d'objets d'un
domaine aux variables de l'énoncé. Cette définition constitue
depuis lors la *sémantique standard* des langages logiques du
premier ordre, à la base de la théorie des modèles.

Les formules d'un langage logique du premier ordre sont
évaluées relativement à une *structure d'interprétation* **M** et à
une *assignation g* [1]. La *structure* **M** = ⟨D, I⟩ est composée d'un
domaine D (un ensemble quelconque d'objets, fini ou non
mais non vide) et d'une *fonction d'interprétation* I qui projette
les symboles non logiques sur D (les constantes sur des objets,
les symboles de relation sur des relations, etc.). L'assignation
est une fonction qui envoie les variables sur des objets de D.
Des clauses permettent de définir inductivement la satisfaction
d'une formule φ par une assignation g dans une structure **M** (ce
que l'on note : **M** |= φ [g]), en termes purement ensemblistes.

On peut ensuite définir la vérité et la fausseté d'une
formule relativement à une structure d'interprétation : une
formule φ est dite *vraie dans la structure* **M** (**M** |= φ) si et
seulement si elle est satisfaite par toute assignation dans la
structure, et *fausse dans* **M** si et seulement si elle n'est
satisfaite par aucune.

Modèles et conditions de vérité

On dit d'une structure d'interprétation **M** = ⟨D, I⟩ qui rend
vraie une formule (respectivement un ensemble de formules)

1. Pour une définition formelle et complète, on pourra se reporter aux
ouvrages introductifs à la logique du premier ordre comme L.T.F. Gamut,
Logic, Language and Meaning, vol. I. *Introduction to Logic*, Chicago, The
University of Chicago Press, 1991.

qu'elle constitue un *modèle* pour cette formule (resp. pour cet ensemble de formules). On dispose alors d'une notion qui permet de donner une interprétation à l'idée de *conditions de vérité*. Si les conditions de vérité de φ sont ce qui doit être le cas pour que φ soit vraie, alors chaque *modèle* au sens de la sémantique de Tarski constitue un tel cas. Le pas est aisément franchi qui conduit à considérer que les conditions de vérité de φ, qui sont suivant la conception standard constitutives de la signification de φ (voire auxquelles la signification se réduit) ne sont rien d'autre que *la classe des modèles de* φ.

En procédant de la sorte on s'autorise cependant plusieurs idéalisations. D'une part, on suppose qu'une transposition de la sémantique tarskienne aux langues naturelles ne pose pas de problème de principe, alors que Tarski lui-même y était opposé. D'autre part, et de façon plus importante, on prend les modèles de Tarski qui sont des structures ensemblistes pour autant d'états possibles du monde réel. Le passage n'est-il pas trop rapide ? Qu'est-ce qui assure que les structures $\mathbf{M} = \langle D, I \rangle$ sont des états du monde plutôt que des *représentations* du monde ?

Il semble que certains auteurs, notamment Popper, ont chargé ontologiquement la sémantique de Tarski, allant jusqu'à voir dans sa théorie la formalisation de la conception correspondantiste de la vérité. Mais le statut ontologique des structures n'est pas tranché. Le cadre formel offert par Tarski est totalement neutre quant à la nature des entités qu'il permet de manipuler. Lui adjoindre une interprétation réaliste, c'est d'une certaine manière plaquer la méta-ontologie de l'universalisme sur une théorie formelle totalement inscrite dans la tradition du langage comme calcul : la théorie des modèles.

Retenons provisoirement que l'apport de Tarski est la possibilité d'une représentation formelle des conditions de vérité en termes de classes de modèles. C'est plus neutre, moins engageant que l'interprétation réaliste d'un Popper, mais aussi certainement plus conforme à l'esprit de la théorie de Tarski. Il reste à voir comment cette possibilité est mise en œuvre par la sémantique formelle des langues naturelles.

La sémantique formelle pour la logique modale : Carnap, Hintikka, Kanger et Kripke

Parler de la représentation des conditions de vérité en termes de classes de modèles, comme on vient de le faire, implique de rester à un niveau très général et informel tant que l'on se borne à la sémantique des langages du premier ordre. Les logiques modales qui traitent du possible, du nécessaire et des locutions intentionnelles (portant sur les connaissances, perceptions, croyances des sujets) apportent alors les instruments formels indispensables à un discours plus général, rigoureux et précis sur ces questions.

Vers les mondes possibles

Malgré les préventions extensionnalistes manifestées notamment, et avec force, par Quine, plusieurs logiciens ont exploré à partir de la seconde moitié des années 1940 la logique modale quantifiée. C'est notamment le cas de Ruth Barcan Marcus ou de Carnap, qui en ont développé une approche axiomatique. L'ouvrage de Carnap, *Signification et nécessité*, publié en 1947, marque un tournant important puisqu'il est le premier à offrir un traitement *sémantique* des modalités[1]. Le possible est ici appréhendé en termes de

---

1. R. Carnap, *Meaning and Necessity. A Study in Semantics and Modal Logic*, Chicago, University of Chicago Press, 1947, trad. fr. F. Rivenc et Ph. de Rouilhan, *Signification et nécessité. Une recherche en sémantique et en*

descriptions d'état du monde. Relativement à un langage formel donné, une description d'état est une classe d'énoncés contenant, pour tout énoncé atomique, cet énoncé ou sa négation. Comme l'écrit Carnap, une description d'état :

> fournit manifestement une description complète d'un état possible de l'univers des individus relativement à toutes les propriétés et relations exprimées par les prédicats du système. Les descriptions d'état représentent donc les mondes possibles de Leibniz, ou les états de choses possibles de Wittgenstein [1].

La sémantique des mondes possibles pour la logique modale a été développée depuis de façon plus systématique et de façon indépendante par Stig Kanger (1957), Hintikka (1957) et Kripke (1959). Plusieurs modifications ont été apportées entre la formulation originelle de Carnap et la formulation contemporaine. Pour Carnap les mondes possibles sont des entités syntaxiques (des ensembles d'énoncés) alors qu'on leur préfère depuis des structures sémantiques à la Tarski. Là n'est pas le plus important puisque chaque description d'état de Carnap correspond très exactement à une structure sémantique du type ⟨D, I⟩.

Un point bien plus capital est *ce que l'on fait varier* quand on envisage différentes possibilités. Pour Carnap, on n'envisage que différents états possibles *du* monde (actuel) : on consent à faire varier I (les connexions langage-monde) mais pas D (les individus qui composent le monde). Cette vue est conforme à la conception de Tarski qui n'envisageait de langage formel qu'interprété, et qui définissait la vérité logique comme la vérité d'une formule relativement à toutes les réinterprétations du vocabulaire non-logique (constantes individuelles et symboles de relation) relativement à un même domaine. Une approche plus générale, développée notamment par Kanger, et reflétant pleinement la tradition des modèles, consiste à faire varier les domaines comme les fonctions d'interprétation[1].

L'étape suivante, due indépendamment à Kripke et à Hintikka, est l'opportunité offerte de se restreindre à une classe de mondes pertinents : toutes les descriptions d'état ne correspondent pas à des possibilités authentiques, et l'on peut définir l'ensemble des mondes possibles en le bornant de manière arbitraire. Jointe à l'idée développée en logique modale propositionnelle de doter l'ensemble des mondes possibles d'une *relation d'accessibilité* entre mondes, cela conduit à la sémantique contemporaine pour la logique modale quantifiée. Entre Tarski et Kripke, on est donc passé de la conception non formalisée de différentes structures (ou modèles) possibles, à une intégration des différents mondes possibles en tant que composantes d'un seul modèle, le *modèle de Kripke*.

On dispose ainsi d'une sémantique permettant d'analyser des énoncés modaux, qui ne pouvaient pas être traités par la sémantique de Tarski. On produit des énoncés modaux en enrichissant le langage logique du premier ordre de deux opérateurs, $\Box$ pour la nécessité et $\Diamond$ pour la possibilité. L'interprétation sémantique des énoncés construits à l'aide de ces nouveaux opérateurs débute par la donnée d'un modèle de Kripke $\mathbf{M} = \langle W, R, D_w, I \rangle$: W est un ensemble non vide

---

1. S. Lindström, « An Exposition and Development of Kanger's Early Semantics for Modal Logic », dans P.W. Humphreys et J.H. Fetzer (eds.), *The New Theory of Reference*, Dordrecht, Kluwer Academic Publishers, 1998, p. 203-233.

d'indices (ou mondes possibles) w, chaque indice étant associé à un domaine non vide D_w d'objets, et la fonction d'interprétation I fournit l'extension du vocabulaire non-logique (constantes individuelles et symboles de relations) dans chacun des mondes. La relation d'accessibilité R sur W, selon les contraintes qui lui sont imposées, permet alors de valider tel ou tel schéma d'axiome : par exemple si R est réflexive (*i.e.* si chaque monde est accessible à partir de lui-même) alors le schéma $\Box\varphi \rightarrow \varphi$ est vrai dans tous les mondes du modèle, autrement dit tout énoncé nécessairement vrai est simplement vrai.

Les énoncés modaux sont finalement analysés dans les modèles de Kripke comme suit : un énoncé φ est *nécessairement vrai* dans le monde w du modèle **M**, ce que l'on note **M**, $w \models \Box\varphi$, si et seulement si dans tout monde w' accessible depuis w (*i.e.* tel que Rww'), φ est vrai dans w', soit : **M**, $w' \models \varphi$. De façon analogue, φ est *possiblement vrai* dans le monde w du modèle : **M**, $w \models \Diamond\varphi$, si et seulement si il y a au moins un monde w' dans W tel que Rww' et **M**, $w' \models \varphi$.

Intérêt pour l'analyse du langage

L'intérêt de la logique modale et de la sémantique des mondes possibles pour l'analyse du langage est double.

En premier lieu, tous les phénomènes *intensionnels* peuvent désormais être traités avec des méthodes extensionnelles. Ces phénomènes incluent non seulement les énoncés au sujet du possible et du nécessaire (les modalités dites aléthiques), mais aussi les énoncés mobilisant le temps (passé, futur), les modalités déontiques (obligation, permission), ou les attitudes propositionnelles (connaissance, croyance). La sémantique des mondes possibles permet d'en écrire l'analyse logique, ce qui est crucial pour toute conception vériconditionnelle de la signification qui ne voudrait pas laisser ces phénomènes dans l'ombre.

L'autre apport est bien entendu une explication de la notion de Sens par celle d'intension, pour les énoncés des langages logiques du premier ordre. Cette conception générale de la sémantique des langages du premier ordre, qui s'est affinée avec le développement de la logique modale, est en fait présente dès Carnap. Ce dernier définit l'identité des intensions de deux expressions comme étant l'identité de leurs extensions dans toutes les descriptions d'état. Ainsi deux symboles de relation ont-ils la même intension si et seulement si ils ont la même extension (qui est une classe de n-uplets d'objets *i.e.* de suites finies de n objets) dans toutes les descriptions d'état ; de même, deux énoncés ont la même intension si et seulement si ils ont la même valeur de vérité dans toutes les descriptions d'état ; et deux termes singuliers ont la même intension si et seulement si ils désignent le même individu dans toutes les descriptions d'état.

Carnap associe un type d'intension à chaque catégorie syntaxique : l'intension d'un énoncé est une *proposition*, c'est-à-dire la classe des descriptions d'état qui rendent vrai l'énoncé ; l'intension d'un symbole de relation est une *propriété*, c'est-à-dire la classe des extensions du symbole dans toutes les descriptions d'état ; enfin l'intension d'un terme singulier (nom propre ou description définie) est un *concept individuel*, qui est la classe des individus désignés par le terme dans toutes les descriptions d'état.

Montague a reformulé l'idée de Carnap dans le cadre de la sémantique des mondes possibles de Kripke, en y intégrant l'idée que le sens comporte une dimension dynamique, c'est-à-dire qu'il *fait* quelque chose qui est de déterminer l'extension, et doit être représenté à l'aide de *fonctions* – ce qui est évidemment équivalent à la représentation en termes de classes. Il en ressort la conception de l'intension d'un énoncé φ comme étant une fonction $f_φ$ qui fournit, pour chaque monde possible w, l'extension $f_φ(w)$, soit la valeur de vérité de φ dans w; l'intension d'un symbole de relation n-aire P est une fonction f_P qui fournit, pour w, l'extension $f_P(w)$ qui est une classe de n-uplets d'éléments de D_w; et l'intension d'une constante individuelle a est une fonction f_a qui fournit, pour chaque monde possible w, l'individu désigné par a dans D_w.

La sémantique formelle pour les langues naturelles: Montague

Au début des années 1970, plusieurs logiciens et linguistes ont relevé le caractère massif des phénomènes intensionnels dans les langues naturelles. Rappelons que l'on qualifie d'*extensionnelle* une construction grammaticale dont l'extension est fonction des extensions de ses parties, et d'*intensionnelle* une construction dont l'extension est fonction des intensions d'une ou plusieurs de ses parties, et des extensions d'éventuelles parties résiduelles. Parmi les constructions grammaticales intensionnelles, la linguiste Barbara H. Partee relève: certains verbes transitifs (vouloir, chercher, espérer, souhaiter, imaginer, devoir, représenter...); la plupart des constructions avec des propositions subordonnées ou *that-clauses* (croire que, espérer que, désirer que...); des constructions contenant certains adverbes (probablement, nécessairement, volontairement, rapidement...) [1].

---

1. B.H. Partee, «Possible Worlds in Model-Theoretic Semantics: A Linguistic Perspective», dans S. Allen (ed.), *Possible Worlds in Humanities, Arts and Sciences. Proceedings of Nobel Symposium 65*, Berlin-New York, Walter de Gruyter, 1989, p. 93-123, p. 98-99.

Après plusieurs contributions importantes à la logique modale proprement dite dans les années 1960, Montague va inaugurer au début des années 1970 l'application de la sémantique des mondes possibles à l'analyse de la signification des langues naturelles[1]. En étendant ainsi le champ d'application de la sémantique formelle Montague prend évidemment le contre-pied des préventions de Tarski. Il procède cependant prudemment et contourne de fait l'universalisme et l'inconsistance qui lui est liée en limitant sa théorie sémantique à un *fragment* de la langue naturelle.

Qui plus est la grammaire de Montague n'accole pas une interprétation sémantique aux énoncés des langues naturelles à l'état brut. Sa théorie sémantique suppose une analyse syntaxique préalable pour chaque énoncé. La théorie prend en entrée des énoncés « formatés » par une théorie syntaxique et produit comme résultat leur valeur sémantique. Le principe est celui d'une sémantique compositionnelle : de façon analogue à ce que Tarski a réalisé pour les langages logiques du premier ordre, Montague propose avec sa théorie une construction des valeurs sémantiques qui suit pas à pas (ou *règle à règle*) la construction syntaxique des énoncés des langues naturelles. Cette correspondance parfaite entre syntaxe et sémantique permet à Montague de se dispenser d'un quelconque niveau intermédiaire analogue à la *forme logique* postulée un peu plus tard par Chomsky.

La sémantique de Montague va plus loin dans l'intensionnalité que ne le font les logiques modales usuelles présentées plus haut. En effet tandis que ces dernières sont construites

---

1. R. Montague, « The proper treatment of quantification in ordinary English », dans J. Hintikka *et alii* (eds.), *Approaches to Natural Language*, Dordrecht, Reidel, 1973, p. 221-242.

comme des extensions de la logique du premier ordre par l'addition d'une paire d'*opérateurs* phrastiques ($\square$ et $\lozenge$), les composants ultimes du langage demeurant extensionnels, la logique de Montague fait de l'intensionnalité une propriété générale des expressions linguistiques.

On peut brièvement présenter sa logique intensionnelle (*IL* pour *Intensional Logic*) comme suit. Chaque énoncé en langue naturelle, après analyse syntaxique, est *traduit* en une formule de IL qui est ensuite sémantiquement évaluée comme une formule de n'importe quel langage logique. IL est basée sur la théorie des types.

On considère deux types de base : le type *e* des expressions (noms propres ou pronoms, par exemple « JPS ») qui désignent des *entités*, et le type *t* des expressions (énoncés, par exemple « JPS est un artiste ») qui désignent des *valeurs de vérité*. On peut ensuite construire des types complexes à partir de ces types de base : étant donnés deux types *a* et *b*, on note $\langle a, b \rangle$ le type des expressions qui désignent des fonctions du type *a* au type *b*. Ainsi, $\langle e, t \rangle$ est le type des symboles de relations unaires, qui désignent des fonctions envoyant les entités sur une valeur de vérité, c'est-à-dire les (fonctions caractéristiques d')ensembles d'entités (par exemple « est un artiste »). $\langle e, \langle e, t \rangle \rangle$ est le type des symboles de relations binaires, qui désignent des fonctions envoyant les entités sur des fonctions unaires envoyant elles-mêmes les entités sur une valeur de vérité; ces symboles déterminent donc des ensembles de couples d'entités (comme « est plus célèbre que »). Les expressions du type $\langle \langle e, t \rangle, t \rangle$ vont désigner les (fonctions caractéristiques d')ensembles d'ensembles d'entités (par exemple « est une couleur »); et ainsi de suite. Une grande partie du travail en sémantique formelle consiste à classer les expressions des langues naturelles par type. Ainsi les termes singuliers ne sont-ils pas nécessairement rattachés au type *e*, puisqu'on peut les concevoir (notamment les expressions quantifiées) comme désignant des faisceaux de propriétés et par voie de conséquence les rattacher au type $\langle\langle e, t\rangle, t\rangle$.

La théorie intensionnelle des types autorise en outre la construction du type $\langle s, a\rangle$ à partir d'un type donné a : il s'agit du type des expressions du langage qui désignent des fonctions des mondes possibles vers les entités de type a. Le symbole s lui-même ne correspond pas à un type et aucune expression de IL ne permet de désigner les mondes possibles. Les expressions de type $\langle s, a\rangle$ vont désigner les *intensions* des expressions de type a. Ainsi, les expressions de type $\langle s, t\rangle$ vont désigner les *propositions*, celles de type $\langle s, e\rangle$ les *concepts individuels*, et $\langle s, \langle e, t\rangle\rangle$ les *propriétés* (du premier ordre).

La syntaxe de IL est basée sur un ensemble de variables et un ensemble de constantes pour chaque type. Les énoncés d'identité sont de la forme $(\alpha = \beta)$ pour α et β de même type, et ces énoncés sont eux-mêmes de type t. Les autres énoncés atomiques sont formés par application fonctionnelle : si α est de type $\langle a, b\rangle$, et que β est de type a, alors $\alpha(\beta)$ est de type b. On peut ensuite produire récursivement des énoncés complexes (de type t) de façon habituelle à partir d'autres énoncés (de type t) à l'aide de connecteurs propositionnels ($\neg$, $\vee$, etc.), de quantificateurs ($\forall v$ ou $\exists v$, pour des variables v de n'importe quel type) ou des modalités ($\square$ et $\lozenge$). Pour finir[1], Montague ajoute deux nouveaux opérateurs qui vont permettre de parler explicitement des intensions et des extensions au niveau du langage-objet : ˆ et ˇ. Le premier opérateur appliqué à une expression α de type a, produit l'expression ˆα de type $\langle s, a\rangle$: ˆα servira ainsi à désigner l'intension de α. L'autre opérateur

---

1. Pour être complet il faut également mentionner l'opérateur de lambda-abstraction et les opérateurs temporels.

ne s'applique qu'à des expressions intensionnelles : si α est de type $\langle s, a \rangle$, alors $\check{}\alpha$ sera de type a ; sémantiquement, étant donné un monde w, $\check{}\alpha$ permettra de désigner le référent de α dans ce monde.

Pour illustrer cette présentation on peut considérer un exemple : « JH fume ». L'énoncé sera formalisé dans IL à l'aide de deux constantes : j de type e pour « JH », et FUME de type $\langle e, t \rangle$. FUME(j) est donc l'expression, de type t, qui formalise l'énoncé. Au niveau intensionnel, $\hat{}j$, $\hat{}$FUME et $\hat{}$FUME(j) sont alors respectivement le concept individuel exprimé par le nom propre, la propriété d'être fumeur, et la proposition exprimée par l'énoncé. En faisant précéder chaque expression par le second symbole, $\check{}\hat{}j$, $\check{}\hat{}$FUME et $\check{}\hat{}$FUME(j), on obtient des expressions qui, évaluées dans un monde donné, auront pour valeur l'extension correspondante dans ce monde, soit respectivement le référent de « JH », la classe des individus qui fument et la valeur de vérité de l'énoncé « JH fume ».

L'évaluation des formules de IL est réalisée de façon analogue à celle de la logique modale du premier ordre. Relativement à un modèle **M**, un monde w et une assignation g, le modèle **M** est composé d'un ensemble de mondes possibles muni d'une relation d'accessibilité, de domaines D_w variables selon les mondes et d'une fonction d'interprétation. La fonction d'interprétation et l'assignation sont définies de façon plus fine que dans le cas de base car les variables et constantes doivent être envoyées sur les valeurs du type approprié dans chaque domaine. Suivant cette sémantique, les expressions de la forme $\hat{}\alpha$ ont évidemment des valeurs constantes à travers les mondes, tandis que celles de la forme $\check{}\alpha$ ont des valeurs qui peuvent éventuellement varier selon les mondes.

Sémantique formelle, psychologie et nature des significations

Jusqu'au début des années 1970, l'approche dominante en sémantique linguistique, qu'elle soit d'inspiration chomskyenne ou structuraliste, se fondait sur une conception suivant laquelle la signification n'allait pas au-delà de la connaissance que nous en avons. La théorie sémantique doit alors rendre compte de la compétence du locuteur, quand elle n'est pas ce qui doit être implicitement connu ou maîtrisé par un locuteur compétent. Montague a créé une rupture avec cette approche mentaliste (au sens large) puisque la sémantique formelle se propose d'approcher les langues naturelles au moyen de la théorie des modèles et plus spécialement à l'aide de la sémantique des mondes possibles. Il s'agit d'une approche parfaitement en continuité avec la conception vériconditionnelle et antipsychologiste de Frege.

Pour qui se situe dans le cadre offert par la grammaire de Montague, il n'est certainement pas inutile de s'interroger sur la nature des entités théoriques postulées. Le recours aux mondes possibles s'avère un instrument très précieux pour analyser la signification linguistique en termes de conditions de vérité. Des questions d'ordres distincts peuvent être soulevées : 1) Si l'approche vériconditionnelle est admise, jusqu'où doit-on prendre au sérieux le discours sur les mondes possibles ? 2) La signification peut-elle être entièrement réduite aux conditions de vérité ?

1) On peut être comme Lewis[1], réaliste métaphysique quant aux mondes possibles, et considérer que le monde actuel n'est qu'un monde parmi d'autres. Alternativement, on peut

---

1. Voir D. Lewis, *On the plurality of worlds*, Oxford, Blackwell, 1986.

défendre une version de réalisme modéré comme Stalnaker, pour qui les mondes possibles non actuels existent comme d'autres manières d'être possibles du monde actuel, mais n'ont pas le même statut : ce sont des objets abstraits, à la différence du monde actuel. Outre leur statut ontologique, on peut se diviser sur le caractère primitif ou dérivé (à partir des objets et propriétés qui les peuplent) des mondes possibles. Comme le signale Partee [1], la plupart des linguistes sont plutôt sceptiques ou agnostiques concernant la réalité des mondes possibles, et si ces écarts de conceptions peuvent avoir un impact sur une conception générale de la signification, ils n'en ont pas sur la théorie sémantique en tant que telle.

On peut adopter une attitude neutre et instrumentaliste vis-à-vis de cet artefact théorique extrêmement précieux. Fondamentalement, parler de mondes possibles peut être conçu comme une simple autre manière de parler des conditions de vérité. La sémantique des mondes possibles serait un instrument utile pour construire une sémantique vériconditionnelle, et recourir aux mondes possibles n'engagerait pas au-delà de la reconnaissance de ce qu'il y a des conditions de vérité.

Il faut toutefois relever que la logique IL de Montague ne permet pas de parler des mondes possibles : ceux-ci n'interviennent qu'au niveau du métalangage quand vient le moment de l'évaluation sémantique des énoncés de IL. Il semble donc que nous ayons le choix entre plusieurs lectures philosophiques du formalisme montagovien. On peut défendre comme le veut la vision standard que les expressions des langues naturelles sont interprétées *indirectement* en termes de mondes possibles, via la traduction dans le langage logique IL. Mais on peut à l'inverse considérer que la valeur sémantique d'une

---

1. B.H. Partee, « Possible Worlds… », art. cit., p. 102.

expression donnée en langue naturelle est précisément fournie par sa traduction dans IL (par exemple la valeur sémantique de «JH» serait l'intension $\hat{j}$) les mondes possibles étant définitivement relégués à leur fonction d'entités théoriques confinées au métalangage de notre théorie sémantique[1].

2) L'autre question est plus fondamentale puisqu'elle peut conduire à réévaluer la portée de toute l'entreprise d'une sémantique non mentaliste. Peut-on véritablement construire une théorie de la signification qui fasse l'impasse sur la compétence linguistique des locuteurs ? Le pari anti-psychologiste de Frege semble à l'inverse mis en défaut sur plusieurs points, de l'aveu même de praticiens de la sémantique de Montague.

En effet[2] il ressort de la définition de Carnap de l'intensionnalité (et donc de celle de Montague) une conception particulière de la synonymie : deux énoncés sont synonymes (*i.e.* partagent la même intension) si et seulement si ils sont logiquement équivalents. Cela offre une approximation de la notion de synonymie qui apparaît vite trop grossière. De nombreux exemples indiquent que des locuteurs peuvent ne pas considérer comme synonymes des énoncés logiquement équivalents. Ces exemples sont des cas où un locuteur peut simultanément approuver un énoncé φ et rejeter un énoncé logiquement équivalent φ', sans pour autant être incohérent. On peut ainsi considérer les théorèmes d'une théorie mathématique, qui ne sont pas d'emblée tenus pour vrai dès lors que les axiomes sont admis. D'autres cas moins spécifiques peuvent être illustrés par la synonymie entre « opticien » et

1. C'est la position défendue par M. Glanzberg, « Semantics and Truth Relative to a World », *Synthese*, 2008 (à paraître).

2. La suite de cette section s'appuie en partie sur l'article de B. H. Partee, « Semantics – Mathematics or Psychology ? », *Semantics from different points of view*, University of Konstanz Colloquium, Sept. 1978.

« vendeur de lunettes » : un sujet peut croire que l'énoncé « Johnny est un vendeur de lunettes » est vrai sans croire que « Johnny est un opticien » soit vrai, et sans pour autant être inconsistant.

La première réponse qui vient à l'esprit s'appuie sur le contraste entre compétence et performance. On dira alors que les deux énoncés sont bel et bien synonymes à partir du moment où ils ont la même intension, mais qu'un sujet peut manquer de le savoir. De façon générale, il faudrait distinguer le sens-intension des expressions, de la connaissance partielle que des sujets finis en ont. La sémantique formelle traiterait du sens, c'est-à-dire ferait la théorie de la compétence linguistique, délaissant à la psychologie la tâche de spécifier les conditions de la performance.

Mais cette réponse ne tient pas dès que l'on veut analyser spécifiquement les attributions d'attitudes propositionnelles. Dans des locutions intentionnelles comme « Nicolas croit que Johnny est un vendeur de lunettes » on devrait, suivant la sémantique de Montague, pouvoir substituer « Johnny est un opticien » à « Johnny est un vendeur de lunettes » (deux composantes qui ont la même intension) tout en préservant l'extension globale. Or il est bien connu que « Nicolas croit que Johnny est un opticien » ne suit pas automatiquement de « Nicolas croit que Johnny est un vendeur de lunettes », puisque Nicolas peut manquer de savoir que « opticien » signifie « vendeur de lunettes ».

Le problème soulevé ici est inhérent à toute théorie sémantique qui analyse le sens comme intension. Il faut certainement voir dans cette analyse initiée par Carnap, extrêmement féconde sur le plan théorique, un appauvrissement de la compréhension frégéenne du Sens comme mode d'accès à la Dénotation. La dimension épistémique du Sens est en effet pour partie éliminée au cours de la réduction. D'autres aspects

liés à la nature de la signification lexicale rendent également hautement problématique l'assimilation du Sens d'une
expression à une fonction produisant son extension dans tous
les mondes possibles : comme l'écrit Partee, « ce qu'il y a dans
la tête d'un locuteur en lien avec un nom propre ne supporte
presque aucune ressemblance avec l'intension »[1].

La question des attitudes propositionnelles est l'une des
faiblesses avérées de la logique intensionnelle de Montague.
Plusieurs stratégies semblent s'offrir : l'*hyperintensionnalité*,
c'est-à-dire une analyse plus fine que l'intensionnalité, qui
permette de distinguer des expressions comme « opticien »
et « vendeur de lunettes ». Cette stratégie fait porter toute la
distinction du côté de la signification, mais il ne semble
pourtant pas excessif d'avancer que les expressions sont bel
et bien synonymes. Le problème posé par les attributions
d'attitudes propositionnelles paraît se situer au niveau des
locuteurs et de leurs limitations. Une autre stratégie consistera
à intégrer cette dimension cognitive comme une composante
relativement indépendante de la signification. Nous y revien-
drons, notamment au travers de l'analyse des deux textes
proposée plus bas.

LA NOUVELLE THÉORIE DE LA RÉFÉRENCE

L'approche issue de la sémantique formelle présentée
en deuxième partie s'inscrit dans les grandes lignes de la
conception standard ou néo-frégéenne de la signification :
la sémantique est dualiste, la signification d'un énoncé étant
fondamentalement élucidée par ses conditions de vérité. On

---

1. B.H. Partee, art. cit., p. 93.

va maintenant aborder l'autre conception dominante qui, en philosophie du langage, a supplanté la conception standard : la *théorie de la référence directe*, dite aussi *nouvelle théorie de la référence*. Cette voie est plus fidèle à Russell : elle consiste à reprendre l'idée d'une sémantique moniste, les expressions linguistiques étant directement reliées au monde. La signification d'un énoncé est alors une entité structurée du type d'une proposition russellienne.

Le débat entre référence directe et théorie standard s'est noué autour de la question du nom propre, puis aux termes d'espèces naturelles. Les théoriciens de la référence directe défendent un retour à la conception millienne des noms, suivant laquelle ces derniers n'ont pas de *connotation* mais une *dénotation*. Russell a bien défendu la même idée en faisant rétrécir la classe des noms propres de façon radicale. Pour Kripke, Putnam et les adeptes de la théorie de la référence directe, il faut alors élargir la classe des noms propres authentiques.

Les noms propres : Kripke

On a cité Kripke parmi les principaux logiciens ayant contribué au développement de la logique modale, au point qu'il est l'auteur de sa sémantique standard. Or Kripke a également apporté une contribution cruciale à la philosophie du langage par une série de conférences données à l'université de Princeton en janvier 1970 et publiées en 1972[1]. Sa contribution est principalement consacrée à la théorie des noms propres : contrairement à ce que défendaient Frege et Russell,

---

1. S. Kripke, « Naming and Necessity », dans D. Davidson et G. Harman (eds.), *Semantics of Natural Language*, Dordrecht, Reidel, 1972, p. 253-355, trad. fr. P. Jacob et F. Récanati, *La logique du nom propre*, Paris, Minuit, 1982.

et dans leur sillage les néo-frégéens, les noms propres ordinaires n'ont selon Kripke pas besoin d'un sens médiateur pour désigner leur porteur.

Désignation rigide et référence directe

Pour mettre en avant sa propre conception Kripke a opposé des arguments de trois types au descriptivisme : des arguments modaux, épistémiques, et sémantiques[1]. Le descriptivisme est, rappelons-le, *une* version de la théorie standard (ou néo-frégéenne), qui assimile le sens à une condition descriptive permettant d'accéder au référent (la dénotation de la description). Les arguments modaux et épistémiques envisagent l'échec du mécanisme de référence dans d'autres mondes possibles (*i.e.* dans des alternatives métaphysiques ou épistémiques); les arguments sémantiques sont plus directs puisqu'ils s'attaquent au mécanisme de référence dans le monde actuel. La cible des arguments n'est pas non plus exactement la même. Les arguments modaux visent une version forte du descriptivisme, suivant laquelle des descriptions définies expriment le sens des noms propres; les arguments épistémiques et sémantiques s'attaquent à une version plus faible qui considère que les descriptions définies servent à fixer la référence des noms propres.

1) *Arguments modaux*. Nos intuitions modales concernant les noms propres les distinguent très nettement des descriptions définies. On peut contraster les deux cas sur un exemple :

> A. Le président de la République française élu en 2007 aurait pu être un footballeur.
> B. Sarkozy aurait pu être un footballeur.

1. Le lecteur trouvera une excellente présentation de ces arguments dans le livre de F. Drapeau Vieira Contim et P. Ludwig, *Kripke. Référence et modalités*, Paris, PUF, 2005.

Dans le premier cas, deux interprétations sont possibles selon la portée du quantificateur masqué dans la description définie « Le président de la République française élu en 2007 » – ou selon *l'occurrence*, primaire ou secondaire, de la description, pour reprendre la terminologie russellienne. C'est-à-dire que (A) peut signifier que Sarkozy aurait pu être un footballeur (portée large, ou occurrence primaire), ou bien que Lilian Thuram aurait pu être le président de la République française élu en 2007 tout en étant footballeur (portée étroite, ou occurrence secondaire). Par contraste, l'énoncé (B) ne souffre pas de cette ambiguïté : seule la lecture suivant la portée large intervient. L'énoncé (B) n'est jamais considéré comme signifiant la possibilité où le nom « Sarkozy » désignant un autre individu que celui désigné dans le monde actuel, cet individu serait un footballeur : quand on affirme (B), c'est systématiquement du porteur actuel de « Sarkozy » dont il est question.

Les noms propres ordinaires sont donc des *désignateurs rigides*, c'est-à-dire qu'il désignent le même porteur dans tous les mondes possibles, tandis que les descriptions définies sont généralement des désignateurs non rigides[1]. Par conséquent, et contrairement à ce que défendent les néo-frégéens, la signification des noms propres ne peut pas être exprimée par une description définie. Car si un nom propre comme Sarkozy était synonyme d'une description définie, son extension varierait selon les mondes, ce qui n'est pas le cas.

L'argument n'est pas lié qu'à des contextes modaux. Si le sens d'un énoncé non modal est conçu comme l'entend la théorie standard, dans une acception véricconditionnelle, alors

---

1. L'exception étant fournie par des descriptions définies du type « la somme de 2 et 2 », qui désigne rigidement le nombre quatre : il n'y a pas de monde logiquement possible où $2 + 2 \neq 4$.

le sens des termes singuliers doit être au moins aussi fin que leur intension, *i.e.* si deux termes singuliers n'ont pas la même intension, ils n'auront pas le même sens. Mais l'intension d'un nom propre comme « Sarkozy » peut être décrite par une fonction désignant l'actuel Sarkozy dans tous les mondes possibles, tandis que l'intension d'une description définie comme « le président de la République française élu en 2007 » est décrite par une fonction désignant tantôt Sarkozy, tantôt Thuram, etc. Donc les intensions ne sont pas identiques, et par conséquent les sens ne le sont pas non plus.

Une version percutante de l'argument modal est la suivante : si un nom propre est synonyme d'une description (par exemple « Sarkozy » et « le président de la République française élu en 2007 ») alors l'attribution de cette description au porteur du nom produit une vérité analytique, donc nécessaire. Dans notre exemple :

C. Sarkozy est le président de la République française élu en 2007.

est ainsi un énoncé nécessairement vrai. Or cet énoncé est intuitivement une vérité contingente (non nécessaire), ce qui réfute le descriptivisme.

Les noms propres ordinaires se comportent comme des noms propres logiques : ils réfèrent directement à leur extension, *i.e.* leur porteur, sans passer par une condition descriptive.

2) *Arguments épistémiques*. Les arguments épistémiques peuvent être appréhendés à partir des arguments modaux. En effet, si, conformément au descriptivisme, un énoncé comme (C) est une vérité analytique, *i.e.* une vérité nécessaire en vertu de la signification linguistique, alors il est connaissable *a priori*. Mais il est évident que cet énoncé n'est pas connaissable *a priori*, donc le descriptivisme doit être rejeté.

Ce type d'argument épistémique dérivé de l'argument modal est cependant trop spécifique, puisqu'il s'en prend à la version forte du descriptivisme. Un autre argument de type épistémique peut être adressé à l'encontre de la version faible, qui considère que les descriptions définies servent systématiquement à fixer la référence des noms propres, sans se prononcer sur leur sens. Suivant cette version un nom propre descriptif comme « Neptune », dont on fixe la référence à l'aide de la description « la planète qui cause les perturbations de l'orbite d'Uranus », constitue un paradigme de fixation de la référence, alors que c'est un cas exceptionnel selon Kripke.

Si la référence d'un nom est fixée à l'aide d'une description, un locuteur compétent doit alors connaître cette description pour utiliser convenablement le nom et désigner son porteur. Mais il y a de nombreux cas où l'on peut avoir des croyances fausses au sujet du porteur d'un nom, voire ne pas avoir de croyance du tout. Et une défense du descriptivisme qui s'appuierait sur la déférence (*i.e.* sur le recours aux croyances d'*autres* locuteurs) serait menacée de circularité. Ainsi, si la référence du nom propre « Gödel » était fixée par la description « le logicien qui a prouvé la complétude de la logique du premier ordre », alors l'énoncé :

> D. Gödel est le logicien qui a prouvé la complétude de la logique du premier ordre.

serait une vérité analytique en vertu de cette convention. À nouveau, cet énoncé n'est pas connaissable *a priori* car on peut concevoir des alternatives épistémiques où Gödel n'a pas prouvé la complétude de la logique du premier ordre : il n'est donc pas analytique.

3) *Arguments sémantiques*. Le troisième type d'argument concerne le mécanisme de référence dans le monde actuel. En reprenant l'exemple de Gödel, si sa référence est fixée par la

description, alors cette description doit fournir le porteur du nom.

Mais si Gödel avait passé sa vie à usurper les travaux de son cousin Dupont élevé dans un placard, la description associée au nom « Gödel » correspondrait alors pour l'essentiel à Dupont. Et un énoncé comme (D) serait faux. En employant le nom « Gödel », on continuerait pourtant de faire référence à Gödel comme le veut la théorie de la référence directe, et pas à Dupont comme le voudrait le descriptivisme.

Séparation entre deux modalités

Traditionnellement les vérités nécessaires étaient conçues comme connaissables *a priori*, et les vérités contingentes comme connaissables empiriquement ou *a posteriori*. C'est tout d'abord l'héritage de Hume suivant lequel *rien de ce que nous imaginons n'est absolument impossible*, et qu'il illustrait en s'appuyant sur l'exemple de la montagne d'or et de la montagne sans vallée :

> Nous pouvons former l'idée de montagne d'or, et, de là, conclure qu'une telle montagne peut actuellement exister. Nous ne pouvons former aucune idée d'une montagne sans vallée, et nous la regardons donc comme impossible [1].

Il y a ici une coïncidence entre ce qui est imaginable (ou concevable) et le possible, ou de façon équivalente, entre ce qui est nécessaire et ce dont on ne peut pas imaginer (ou concevoir) que cela ne soit pas le cas. Le concevable constitue une modalité épistémique au sens large : *p* est concevable si et seulement si *p* est subjectivement possible, c'est-à-dire compatible avec ce que l'on sait (ou avec ce que l'on croit, ou encore

---

1. D. Hume, *Traité de la Nature humaine*, Londres, 1739, 1.2. 2.

avec ce dont on a une croyance justifiée). Délimiter le concevable de l'inconcevable est une activité *a priori*, qui doit être conduite par l'examen de nos connaissances (ou de nos croyances, ou de nos croyances justifiées) sans confrontation au monde. Ainsi, si une vérité est nécessaire, sa négation est impossible, ce qui doit être reconnu *a priori*. À l'inverse, une vérité contingente exige une confrontation au monde pour être connue et pas seulement conçue.

La conception humienne repose ainsi sur un parallélisme entre modalités épistémiques (le connaissable *a priori vs* le connaissable *a posteriori*) et modalités aléthiques (le nécessaire *vs* le contingent). Ce parallélisme autorise une réduction des secondes aux premières, un chemin emprunté par l'empiriste Hume :

> [L]a nécessité est quelque chose qui existe dans l'esprit, pas dans les objets, et il ne nous est jamais possible d'en former l'idée la plus lointaine si nous la considérons comme une qualité qui se trouve dans les corps [1].

Sans partager cet anti-réalisme radical quant aux modalités aléthiques, la conception kantienne maintient la correspondance entre les deux types de modalités (tout en ajoutant sa célèbre distinction entre l'analytique et le synthétique). Elle autorise ainsi également cette réduction. En ce sens, la conception classique des modalités et de leur connaissance est compatible avec l'anti-réalisme modal.

Avec Kripke, on est conduit à dissocier sérieusement les deux types de modalités. D'où il ressort que des considérations sur la sémantique des noms propres peuvent conduire à adopter le réalisme modal. Au départ, on dissocie 1) la fixation

---

1. D. Hume, *op. cit.*, 1.3. 14.

et la (re)connaissance de 2) la constitution de la signification : il s'agit de deux chemins distincts. Chez les néo-frégéens, il faut emprunter le même chemin : il y a superposition des rôles sémantique et épistémique joués par la description, le faisceau de description, ou l'intension (selon les versions). La dissociation sémantique prônée par la théorie de la référence directe conduit à séparer les deux modalités, métaphysique et épistémique.

Les descriptions définies peuvent intervenir dans la fixation de la référence d'un nom propre (le *baptême* initial) : par exemple, Rachel peut énoncer le 1er janvier 1993 « Je nomme *mon fils* Albert ». Cela n'implique pas que la signification de la description « le fils de Rachel baptisé le 1er janvier 1993 » sera constitutive de la signification du nom propre « Albert ». Cela n'implique pas non plus, évidemment, que cette description devra être connue des locuteurs pour qu'ils puissent utiliser de manière compétente et sensée le nom propre « Albert », *i.e.* pour faire référence à son porteur. D'autres descriptions définies pourront être associées par d'autres locuteurs au nom propre, qui leur permettront d'avoir une idée de la référence du nom. Mais ces descriptions n'interviendront pas dans le mécanisme de référence, qui est assuré directement, sans passer par aucun intermédiaire, dès qu'une chaîne intentionnelle-causale relie les différents usages du nom au baptême initial.

Le rôle des descriptions associées aux noms propres est donc ici uniquement auxiliaire. Tandis que les descriptivistes font de ces descriptions une composante de l'intension devant être saisie pour accéder à l'extension, les théoriciens de la référence directe en font un élément intervenant exclusivement du côté de l'utilisation des noms propres, quand il intervient (les chaînes causales permettant de s'en dispenser). Dans l'approche descriptiviste, le locuteur *doit* suivre le cheminement constitutif de la signification : passer par l'intension pour accéder à l'extension. Dans l'approche de la référence directe, les chemins sont indépendants.

Cela permet d'expliquer fondamentalement la dissociation entre les deux types de modalités pour les théoriciens de la référence directe. Pour le descriptivisme (dans sa version forte), ce qui est (objectivement) nécessaire en vertu de la signification est épistémiquement nécessaire, *i.e.* connaissable *a priori*, car les utilisateurs d'un nom *doivent* passer par la (ou les) description(s) qui en constituent l'intension pour accéder à l'extension. Le descriptivisme est donc parfaitement adéquat pour la compréhension traditionnelle du rapport entre modalités.

La situation est toute différente dans le cadre de la référence directe. Ici, l'utilisation de la description « le logicien qui a prouvé la complétude de la logique du premier ordre » pour trouver l'extension du nom « Gödel » est totalement contingente. De ce fait, l'énoncé « Gödel est le logicien qui a prouvé la complétude de la logique du premier ordre » cesse d'être une vérité nécessaire. Mieux : ce caractère contingent de l'utilisation d'une description vaut également pour les descriptions qui ont été utilisées lors du baptême et qui peuvent, dans certains cas, être connaissables *a priori*. Ainsi en va-t-il de la description « la cause des perturbations de l'orbite d'Uranus », qui a originalement servi à caractériser « Neptune » par Leverrier, avant l'observation de la planète ainsi désignée. On est ici dans le cas d'une description dont l'attribution au porteur du nom est connaissable *a priori*, bien que non nécessaire.

Les cinq énigmes

Comme toute théorie de la signification, la théorie de la référence directe doit être confrontée aux différentes énigmes traditionnelles qui ont suscité les développement de la philosophie du langage. En voici un rapide aperçu.

1, 2) *Les assertions existentielles négatives, le tiers exclu.* Il n'y a pas de problème particulier ici pour la conception de Kripke puisqu'elle hérite du traitement russellien des descriptions définies. Kripke a fortement élargi la classe des noms propres depuis Russell, mais évidemment pas au point de retrouver la classe de Frege qui intégrait la totalité des termes singuliers !

3) *Les termes singuliers vides.* Ici il y a un problème analogue à celui rencontré chez Frege. Cela dit, Kripke peut à nouveau utiliser Russell (ce dont il ne se prive pas) et affirmer que les pseudo-noms propres comme « Shrek » fonctionnent comme des descriptions définies russelliennes. Ce faisant, Kripke introduit cependant une coupure *ad hoc* dans une catégorie grammaticale unifiée, celle des noms propres ordinaires. En ce sens, la solution kripkéenne se heurte aux mêmes critiques que la solution frégéenne.

4) *La valeur informative des énoncés d'identité.* Qu'est-ce qui distingue $a = b$ de $a = a$? Dans le premier cas comme dans le second, la vérité matérielle de l'identité implique sa vérité nécessaire. On peut cependant distinguer les deux cas : l'identité de a et de b implique bien leur identité nécessaire, $a = b \rightarrow \Box(a = b)$, mais leur non-identité $a \neq b$ est concevable ; en revanche pour le même terme, on a l'implication $a = a \rightarrow \Box(a = a)$, tandis que la non-identité $a \neq a$ n'est cette fois *pas* concevable. Autrement ce qui offre une porte de sortie à Kripke est directement lié à la dissociation des deux types de modalités.

5) *Les contextes indirects.* Le cas n'est pas trivial. Si la signification d'un nom propre se réduit à son porteur, alors substituer un nom propre à un autre désignant le même

individu dans une phrase donnée ne devrait pas changer la signification de cette phrase. Considérons l'exemple suivant :

E. Laetitia croit que JH est l'auteur de *Que Je T'Aime* (QJTA).
F. Laetitia croit que JPS est l'auteur de QJTA.

Dans une conception à la Russell-Kripke la croyance est une relation entre un sujet et une Proposition. Ainsi, l'énoncé (E) est rendu par :

G. Croit(Laetitia, P)

où P est la Proposition russellienne signifiée par « JH est l'auteur de QJTA ». Comme « JH » et « JPS » ont la même signification (leur porteur), la signification de « JH est l'auteur de QJTA » est inchangée par la substitution d'un nom à l'autre, donc la Proposition P est également la signification de « JPS est l'auteur de QJTA ». Par conséquent (G) représente non seulement (E) mais également (F) : les deux phrases sont-elles équivalentes ?

La solution kripkéenne est sophistiquée. Elle distingue un *sens explicite* d'un *sens implicite* des deux phrases. Le sens explicite est celui d'un compte-rendu de croyance *de re*. Le sens explicite de (E) est le même que la signification de :

H. Laetitia croit de JH qu'il est l'auteur de QJTA.

tandis que celui de (F) est identique à la signification de :

I. Laetitia croit de JPS qu'il est l'auteur de QJTA.

Les deux phrases (H) et (I) sont évidemment synonymes, donc du point de vue du sens explicite, (E) et (F) sont bien équivalentes.

C'est au niveau du sens implicite que les phrases vont se distinguer. Le sens implicite n'est pas la signification proprement dite de la phrase, mais un sens supplémentaire *commu-*

niqué par l'assertion de la phrase, et il correspond à un compte-rendu de croyance *de dicto*. Le sens implicite fait donc référence à un mode de présentation particulier, *m* :

J. $\exists m$ (Croit(Laetitia, p), m)

La distinction entre les deux phrases (E) et (F) est alors attribuée à la différence des modes de présentation associés, m_a et m_b.

Le tour est joué mais une telle sophistication ne laisse pas d'être suspecte. On assiste *in fine* à un retour au dualisme de Frege sans retour à Frege : le mode *m* est employé pour le discours indirect, mais il n'intervient pas dans la constitution de la signification. Cet ultime recours à un composant supplémentaire au cœur du dispositif théorique paraît être le symptôme d'un aspect irréductible : la dimension cognitive de la signification ne se laisse pas aisément expliquer par la référence directe.

Les termes d'espèces naturelles : Putnam

L'externalisme est une idée implicite de la théorie de la référence directe : si la signification d'un nom propre se réduit à son porteur, elle dépend alors étroitement de la constitution du monde. Putnam résumera cette idée dans un slogan : *Les significations ne sont pas dans la tête*. On lui doit en effet une élaboration importante de la conception externaliste de la signification dans son fameux article de 1975, « La Signification de "Signification" » [1]. Putnam développe cette concep-

---

1. H. Putnam, « The Meaning of "Meaning" », dans K. Gunderson (ed.), *Language, Mind and Knowledge*, Minneapolis (MN), University of Minnesota Press, 1975, trad. fr. partielle D. Boucher, « La signification de "Signifi-

tion en reprenant une idée déjà présente dans *La logique du nom propre* de Kripke : il étend la théorie de la référence directe et de la désignation rigide aux prédicats d'espèces naturelles comme « tigre » ou « eau ».

Critique de l'anti-psychologisme frégéen

L'article de Putnam vise à établir l'incompatibilité de deux principes de la sémantique (néo)frégéenne :

> (I) Connaître la signification d'un terme consiste seulement à être dans un certain état psychologique (« état psychologique » au sens où des états de la mémoire et des dispositions psychologiques sont des « états psychologiques » (…)).
>
> (II) La signification d'un terme (au sens d'intension) détermine son extension (en ce sens que l'identité de l'intension entraîne l'identité de l'extension) [1].

En préalable à son célèbre argument de Terre-Jumelle il critique la prétendue objectivité du Sens frégéen en montrant qu'elle n'est pas compatible avec les deux présupposés.

Supposons conformément à (I) qu'un état mental interne EM_A corresponde à la connaissance de la signification de l'expression « A » ; alors cet état mental comporte l'intension de « A », Int(A), et un *marqueur syntaxique* correspondant à « A » : « Car *connaître la signification de* A, ce n'est pas seulement "saisir l'intension" de A, quoi que cela veuille dire. C'est aussi savoir que l'"intension" que l'on a "saisie" est l'intension de A » [2]. On peut envisager de la même façon un état mental interne EM_B correspondant à la connaissance de la

cation" », dans D. Fisette et P. Poirier (éds.), *Philosophie de l'esprit. Problèmes et perspectives*, Paris, Vrin, 2003, vol. 2, p. 41-83.

1. H. Putnam, art. cit., p. 47.
2. *Ibid.*, p. 50.

signification de « B ». Si les états mentaux EM_A et EM_B sont tels que $Int(A) \neq Int(B)$ ou que « A » $\neq$ « B », alors ils sont (par construction) eux-mêmes distincts. Par ailleurs, en notant $Ext(A)$ et $Ext(B)$ les extensions respectives de « A » et « B » le présupposé (II) implique que si $Ext(A) \neq Ext(B)$, alors $Int(A) \neq Int(B)$. Par conséquent, si $Ext(A) \neq Ext(B)$ alors $EM_A \neq EM_B$.

Le rapport des états mentaux aux intensions est analogue à celui des intensions aux extensions. L'extension est donc déterminée par le type d'état mental interne qui correspond à la saisie de la signification. Pour Putnam, l'anti-psychologisme de Frege est ainsi sérieusement relativisé [1].

On peut relever deux conséquences de cette critique de l'anti-psychologisme. Tout d'abord elle fait des états mentaux internes une cible légitime pour l'argument externaliste de Putnam : là où les Sens (intensions) frégéens demeurent certainement trop indéterminés, les états mentaux peuvent être le support d'intuitions solides et permettre des expériences de pensée jusque-là inaccessibles. Ensuite, la portée de l'argument de Putnam en est fortement élargie : ce n'est plus seulement l'externalisme de la signification, mais celui des contenus d'états mentaux qui est en jeu. L'article de Putnam déborde ainsi le champ propre de la philosophie du langage et s'aventure très franchement du côté de la philosophie de l'esprit.

---

1. « Si notre interprétation de la doctrine traditionnelle de l'intension et de l'extension rend justice à Frege et Carnap, alors tout le débat opposant le psychologisme au platonisme fait figure de tempête dans un verre d'eau, s'agissant de théorie de la signification. (...) Aussi apparaît-il que considérer ou bien l'entité "platonicienne" ou bien l'état psychologique comme la "signification" est au fond affaire de convention », *ibid.*, p. 51.

Contre l'internalisme : l'argument de Terre-Jumelle

Le propos de Putnam est donc de réfuter la conjonction des présupposés (I) et (II) :

> Nous affirmons qu'il est possible pour deux locuteurs d'être exactement dans le même état psychologique (au sens étroit) même si l'extension du terme A dans l'idiolecte de l'un diffère de l'extension du terme A dans l'idiolecte de l'autre. L'extension n'est pas déterminée par l'état psychologique [1].

Son argument se concentre sur les termes d'espèce naturelle, *i.e.* les prédicats qui sont susceptibles de figurer dans des théories scientifiques comme « or » ou « tigre », à la différence de « situé à 100 mètres de la Tour Eiffel ». Par son expérience de pensée, Putnam va montrer que l'on peut avoir deux extensions distinctes pour le terme « eau ».

L'expérience de pensée consiste en la donnée d'une planète, Terre-Jumelle, semblable en tous points à la Terre à ceci près que la substance qui possède les propriétés phénoménales de l'*eau* (et qui est appelée « eau ») est en fait de l'*eau*$_{TJ}$: elle est composée chimiquement non pas de H_2O mais d'une autre molécule, dont la structure est abrégée en XYZ. On considère ensuite deux jumeaux micro-physiques, Oscar-T sur Terre et Oscar-TJ sur Terre-Jumelle. Ce sont deux êtres en tous points semblables au sens où ils partagent les mêmes propriétés (physiques) *intrinsèques* : la même masse et la même taille, le même taux d'alcoolémie, les mêmes états du cerveau aux mêmes instants, etc. Là où les jumeaux se distinguent essentiellement [2], c'est sur le plan de leurs environnements respec-

---

1. *Ibid.*, p. 51-52.

2. Une différence entre les propriétés intrinsèques des deux jumeaux étant évidemment que l'eau H_2O d'Oscar-T est remplacée par la même quantité de

tifs, Terre et Terre-Jumelle, et par conséquent au niveau de leurs propriétés *extrinsèques* (ou relationnelles) : quand l'un est en relation avec de l'*eau*, l'autre est en relation avec de l'*eau*$_{TJ}$.

On considère finalement la situation où les deux jumeaux ont, chacun face à soi, un verre de liquide, de l'*eau* pour Oscar-T et de l'*eau*$_{TJ}$ pour Oscar-TJ. Chacun perçoit son propre verre et déclare : « Ceci est un verre d'eau ». En supposant que les conditions pragmatiques usuelles de sincérité de l'assertion sont réunies, les deux jumeaux expriment ici leurs *croyances* qu'il y a un verre d'« eau » devant eux. Or les contenus des attitudes ne sont pas les mêmes : Oscar croit qu'il y a un verre d'*eau* devant lui, Oscar-TJ qu'il y a un verre d'*eau*$_{TJ}$. Le terme « eau » possède une indexicalité au même titre que « ceci » : sa référence dépend du contexte d'énonciation. D'où il faut conclure que les contenus de pensées sont au moins en partie déterminés par la constitution de l'environnement : ils ne dépendent pas uniquement des propriétés intrinsèques des agents.

À la suite de Kripke, Putnam traite les termes d'espèces naturelles comme « eau » ou « tigre » à la manière des noms propres, à savoir comme des *désignateurs rigides* : des termes dont l'*intension* est constante, autrement dit des termes qui désignent la même *extension* dans tous les mondes possibles – le même individu pour les noms propres, la même classe d'individus pour les prédicats, voire la même somme méréologique d'échantillons pour les termes de masse. Un terme comme « eau » doit ainsi posséder la même extension dans tous les mondes possibles, la somme des échantillons de H_2O. Donc Oscar-T et Oscar-TJ n'emploient pas strictement le même terme.

substance XYZ chez Oscar-TJ. Cela dit cette différence n'intervient pas de façon pertinente dans l'argument.

L'écart entre les deux significations de « eau » sur Terre et sur Terre-Jumelle est alors semblable à la variation de référence d'un nom propre entre deux mondes possibles. Si Kouchner et Sarkozy échangeaient leurs noms dans un monde possible, nous dirions de Sarkozy qu'il porte le nom « Kouchner » dans ce monde en affirmant par exemple : « Sarkozy aurait pu s'appeler "Kouchner" », donc en utilisant « Sarkozy » comme désignateur rigide : ce n'est pas parce que les habitants de ce monde possible contrefactuel appellent Sarkozy « Kouchner » que Sarkozy cesse de s'appeler « Sarkozy » pour nous, même dans ce monde.

De façon analogue, nous pouvons affirmer « Le liquide composé de XYZ aurait pu s'appeler "eau" », sans pour autant cesser de considérer « XYZ » ou « eau » comme des désignateurs rigides. C'est précisément le cas auquel nous avons affaire avec Oscar-TJ : un cas où le terme « eau » est employé dans une autre acception, propre à son idiolecte.

L'histoire ne peut cependant s'arrêter là. Car en passant d'un jumeau à l'autre, et par là d'un idiolecte à l'autre, on n'a pas procédé à une modification *arbitraire* de la signification du terme « eau ». Oscar-TJ n'emploie pas « eau » pour désigner du *vin* : il emploie « eau » pour désigner un liquide qui possède toutes les propriétés phénoménales de l'*eau*. Cela signifie que lorsque Oscar-T et Oscar-TJ pensent respectivement à l'*eau* et à l'*eau*$_{TJ}$, ils entretiennent deux pensées possédant ce que l'on pourrait appeler un dénominateur phénoménal commun : ce que Putnam appelle un *stéréotype*[1].

---

1. La présentation qui précède est une reprise partielle de mon article : « Contenu étroit, mécanisme neuronal et fonctions de choix », *Philosophie*, 2008 (à paraître).

Stéréotype vs *intension*

Le problème pour la conception néo-frégéenne réside dans le fait que l'intension cesse de déterminer l'extension, alors que cette détermination est au fondement des théories de Frege et ses successeurs. Cela pourrait à la rigueur fonctionner pour les indexicaux purs (comme « je », « ici »…), mais évidemment pas pour les termes d'espèce naturelle. Ce que montre l'argument de Putnam, c'est justement le caractère général de l'indexicalité, qui s'étend bien au-delà d'une catégorie délimitée d'expression, et qui manifeste le rôle joué par l'environnement physique dans la constitution de la signification.

Dans la conception de Putnam, le stéréotype ne joue pas le rôle d'un intermédiaire dans la constitution de la signification. Il n'est pas, comme l'intension, un mode d'accès garanti à l'extension, et ne souffre pas, à la différence de l'intension, du tiraillement entre deux extensions. Le stéréotype correspond à la dimension épistémique de la signification qui est ainsi dissociée de la dimension référentielle. Le stéréotype étant ce qui est commun à Oscar-T et à son jumeau micro-physique quand tous deux pensent à la substance qu'ils appellent « eau », l'*eau* pour Oscar-T et l'*eau*$_{TJ}$ pour son jumeau, il comporte certains traits habituellement associés à l'*eau* : liquide incolore, transparent, sans goût, qui étanche la soif, remplit les mers et les baignoires, etc. De façon générale, Putnam envisage le stéréotype comme étant « une description standardisée de traits de l'espèce qui sont typiques, "normaux" ou stéréotypiques à un certain degré »[1]. Pour lui comme pour Kripke, les descriptions interviennent ainsi uniquement à titre auxiliaire dans la composante cognitive de la signification.

---

1. H. Putnam, art. cit., p. 230 (nous traduisons).

Externalisme social

Le stéréotype renvoie à un autre aspect de l'externalisme : la dépendance à l'égard de la communauté linguistique, ou ce que Putnam appelle « la division sociale du travail linguistique ». Tyler Burge a défendu cette version de l'externalisme qui est d'ailleurs relativement indépendante de l'externalisme physique par un argument plus direct que celui de Putnam.

L'écart entre les deux mondes de Burge [1], Terre et Terre-Jumelle à nouveau, ne réside plus cette fois dans leurs constitutions physiques respectives mais dans les conventions linguistiques en vigueur. Sur Terre, le terme « arthrite » a sa signification habituelle de maladie des articulations, l'*arthrite* ; sur Terre-Jumelle, la convention linguistique du français$_{TJ}$ veut que le même terme désigne l'arthrite *ou* une douleur dans la cuisse, l'*arthrite*$_{TJ}$. Si deux jumeaux microphysiques, Oscar-T sur Terre et Oscar-TJ sur Terre-Jumelle, partagent le même état mental, par exemple si chacun d'eux souffre d'une douleur dans la cuisse et pense qu'il souffre d'« arthrite », alors Oscar-T aura un contenu de pensée erroné tandis que celui d'Oscar-TJ sera vrai. Les contenus, c'est-à-dire les conditions de vérité sur Terre et sur Terre-Jumelle, sont distincts, et cela bien que les mondes soient par hypothèse physiquement identiques. Ce qui les distingue dépend uniquement des conventions linguistiques.

Le rôle des conventions linguistiques est loin d'être nié par Putnam. Il distingue en effet deux moments dans sa conception de la signification : 1) la *détermination de l'extension* qui est sociale car conventionnelle, mais aussi « en raison de la division du travail linguistique » c'est-à-dire du fait de la présence

---

1. T. Burge, « Individualism and the Mental », *Midwest Studies in Philosophy* 4, 1979, p. 73-121.

d'experts capables de discerner l'extension de termes que les profanes pourraient confondre – comme l'aluminium et le molybdène pour reprendre l'un des exemples de Putnam ; et 2) la *compétence individuelle* qui relève plutôt de la psychologie mais qui est également socialement déterminée car bornée par les usages linguistiques (ce qui correspond au stéréotype), avec des exigences minimales socialement fixées correspondant à la connaissance de la signification d'un terme. Putnam distingue ainsi le cas d'un locuteur compétent qui parlerait d'« orme » au sujet d'un hêtre, de celui d'un locuteur incompétent qui parlerait de « tigre » à propos d'une boule de neige. Extension et stéréotype font tous deux partie de la *signification*, que Putnam reconstruit comme un *vecteur* comportant au moins quatre coordonnées (un *marqueur syntaxique* et un *marqueur sémantique* venant s'ajouter à la liste). De la sorte, il s'assure que la signification détermine trivialement l'extension, même si ce n'est évidemment pas l'intension qui la détermine.

Propriétés essentielles et engagement ontologique

La conception des termes généraux comme désignateurs rigides produit des conséquences analogues à celles que l'on avait tirées pour les noms propres. Ainsi, si l'eau est identique à H_2O, cette identité est *nécessaire*. L'extension d'un terme d'espèce naturelle (qui est un terme général) varie évidemment selon les mondes possibles : les échantillons d'eau ne sont pas les mêmes d'un monde à l'autre, et un monde sans eau n'est pas métaphysiquement impossible. Ce qui ne bouge pas en revanche, c'est la *nature* de l'eau, autrement dit sa structure chimique en H_2O qui fait figure de *propriété essentielle* : si un échantillon d'une substance dans un monde possible n'est pas du H_2O, alors ce n'est pas de l'eau. Pour exprimer cela, Putnam utilise une relation de similarité inter-mondes : un échantillon d'un monde possible est un échantillon d'eau si et seulement si en le rapportant dans le monde actuel, c'est de l'eau.

Les propriétés nécessairement possédées par une substance comme l'eau ne sont cependant pas partie prenante du stéréotype. Modalités métaphysiques et modalités épistémiques sont donc ici à nouveau clairement dissociées. Les propriétés essentielles sont véritablement possédées par les choses, et en dehors de la signification : on ne peut pas être plus éloigné des essences nominales lockéennes. Quel est l'impact d'une découverte comme celle de la structure chimique de l'eau ? Il s'agit de la découverte empirique, donc *a posteriori*, d'une propriété essentielle de l'eau, c'est-à-dire d'une vérité nécessaire. Ce que Putnam défend, c'est qu'une telle découverte modifie notre connaissance du monde, mais ne modifie pas en premier lieu la signification linguistique du terme « eau » – même si par la suite, la composition chimique de l'eau est peut-être venue renforcer le stéréotype. Or cet impact direct sur la signification découle des théories (néo)frégéennes. Putnam conteste vivement les formes de conventionnalisme ou de relativisme selon lesquelles des modifications de nos croyances entraînent des changements de signification et d'extension de nos termes. À l'encontre d'un Thomas Kuhn prônant l'incommensurabilité de théories rivales car parlant de sujets distincts, Putnam objecte que, si nos conceptions passent, l'extension demeure.

La nouvelle théorie de la référence n'oblige pas seulement à adopter une forme de réalisme et d'essentialisme. Elle enjoint également de rompre avec le critère d'engagement ontologique de Quine en optant pour une stratégie presque complémentaire. Quand Quine restreint l'engagement aux variables (quantifiées) et à leurs correspondants dans les langues naturelles, les pronoms, les partisans de la référence directe suggèrent que le point de contact entre le langage et le monde se trouve au niveau des noms propres et des termes d'espèces naturelles. Ce sont alors non seulement les objets individuels mais aussi les espèces naturelles, des universaux, qui constituent les référents de nos énoncés. Ce qui renforce après-coup la légitimité de l'attribution du qualificatif de *nominaliste* à la conception de Quine.

CONCLUSION

À l'issue de notre parcours d'un siècle en philosophie du langage et en sémantique formelle, deux grandes conceptions ressortent ainsi qu'un ensemble de questions. Les deux conceptions se sont nouées notamment autour de la question de la référence des noms propres. La conception frégéenne et ses dérivés dualistes peuvent paraître, à première vue, plus en conformité avec les développements de la sémantique formelle telle qu'elle s'est construite dans la lignée des travaux de Carnap et Montague. Pourtant, la nouvelle théorie de la référence n'est pas en reste quand elle conçoit les désignateurs rigides. Les deux conceptions constituent même, d'une certaine façon, les deux approches possibles qui soient compatibles avec (au sens de : *formalisables dans*) la logique du premier ordre. Comme le note Sainsbury, la polarisation entre les deux conceptions du nom propre est renforcée par :

> [la] distinction [qui] émerge d'un cadre permettant d'approcher ces questions communes à Russell et à Frege, et qui exerce toujours une importante pression : la croyance que les seuls mécanismes sémantiques existants sont les mécanismes sémantiques impliqués dans le langage de la logique classique du premier ordre. Ce cadre offre deux possibilités de mécanismes sémantiques pour les noms propres des langues naturelles : soit les noms propres ressemblent aux constantes

individuelles, ce qui donne la position millienne [ou russel-
lienne], soit ils ressemblent aux descriptions définies de
Russell, donnant la position frégéenne [1].

Ce cadre de la logique classique est celui que l'on trouve à
l'origine de la conception frégéenne, au cœur de la conception
vériconditionnelle de la signification. C'est également ce
cadre, étendu, qui est utilisé par la sémantique formelle des
langues naturelles développée par Montague. La désignation
rigide des noms propres ne vient pas ensuite le mettre en
cause puisqu'elle peut être parfaitement enrégimentée dans la
sémantique montagovienne.

Parmi les questions qui surgissent immanquablement suite
à ce constat, il y a celle de savoir si ces conceptions philosophiques de la signification ne sont pas *sous influence*, et si
elles ne gagneraient pas à s'émanciper du cadre logique en
question. On peut poser cette question après avoir constaté les
difficultés rencontrées en chemin. L'incapacité évoquée plus
haut de la grammaire de Montague à rendre pleinement compte
des attitudes propositionnelles est liée à l'idéalisation du Sens
comme intension, qui délaisse la dimension épistémique du
mode d'accès à l'extension présente dans la notion frégéenne.
Cette idéalisation est cependant apparue naturelle comme
explication du Sens d'une expression en termes de contribution
aux conditions de vérité de l'énoncé où elle figure.

La situation est plus dramatique pour la nouvelle théorie de
la référence quand il faut rendre compte de la signification
d'attributions d'attitudes propositionnelles avec la multiplica-
tion des cas d'énoncés nécessairement vrais, donc tous inten-

1. R.M. Sainsbury, *Reference Without Referents*, Oxford, Clarendon Press,
2005, p. 45. Pour parler de noms dénués de référents, Sainsbury lui-même
développe une logique libre.

sionnellement équivalents. Dire que la nécessité de l'identité
« JH = JPS » n'implique pas le fait qu'elle soit connaissable
a priori en découplant les modalités épistémiques des modalités métaphysiques, c'est certainement un premier pas, mais
ce n'est toujours pas donner une explication de la différence de
signification entre les deux noms propres. Ici encore, c'est la
dimension cognitive du Sens frégéen qui est laissée de côté.

On pourrait bien entendu répondre que la philosophie
du langage s'est fourvoyée dès le départ en glissant sur la
pente savonneuse des méthodes logico-formelles, alors que
les approches structuralistes ou mentalistes pratiquées par les
linguistes offraient un cadre alternatif cohérent pour penser la
signification. Une réponse plus subtile consistera cependant à
affiner les formalismes plutôt qu'à jeter le bébé (formel) avec
l'eau du bain (vériconditionnel).

Sur un point, il semble que Frege ait eu raison contre Mill :
une approche purement moniste ne peut pas suffire à rendre
compte de la signification. Kripke, à propos des contextes
indirects, a recours au mode de présentation, et Putnam introduit la notion de stéréotype qui vient s'ajouter à l'extension. La dualité n'est cependant pas à l'identique de ce qu'elle
était chez Frege. Alors que le Sens détermine la Dénotation
pour ce dernier, les théoriciens de la référence directe envisagent deux composantes relativement indépendantes. Rendre
compte de la signification à l'aide de deux dimensions autonomes, c'est l'une des stratégies suivies par les théories
duelles de la signification et, particulièrement, la sémantique
bidimensionnelle.

Un autre développement possible de la sémantique
formelle comme de la philosophie du langage consiste à essayer
de rendre compte de la dimension cognitive de la signification
en tentant d'appréhender l'*interprétation* des énoncés et, en
fait, des discours. Cette stratégie se concentre sur l'appré-

hension du *contexte* (discursif, épistémique, etc.) relativement auquel les énoncés font sens pour des interlocuteurs. Depuis les années 1980, les travaux dans cette optique ont conduit au développement de la sémantique des situations, de la théorie des représentations de discours et de la logique dynamique. Ces développements théoriques, portés par la linguistique formelle, suggèrent un renouvellement possible de nos conceptions de la signification linguistique, de l'interprétation, et de leur articulation avec l'ontologie*.

* Je tiens à remercier Roger Pouivet pour m'avoir invité à écrire ce livre. Merci à Yann Boniface, Evelyne Jacquey, Elizabeth Leméteil, Franck Lihoreau et Georges Rebuschi, pour leurs commentaires, critiques et suggestions sur le manuscrit. Je reste évidemment seul responsable de toutes les erreurs qui subsisteraient.

TEXTES ET COMMENTAIRES

TEXTE 1

DAVID J. CHALMERS,
*Sémantique bidimensionnelle**

On peut exprimer l'idée de Kripke en disant qu'il y a en fait *deux* intensions associées à un concept donné. En d'autres termes, il y a deux schémas parfaitement distincts de dépendance du référent d'un concept vis-à-vis de l'état du monde. Premièrement il y a la dépendance en vertu de laquelle la référence est fixée dans le monde *actuel*, en fonction de la manière dont le monde est : si le monde s'avère être d'une façon, un concept va sélectionner une chose, mais s'il évolue autrement, le concept sélectionnera autre chose. Deuxièmement il y a la dépendance en vertu de laquelle est déterminée la référence dans les mondes *contrefactuels*, étant donné que la référence dans le monde actuel est déjà fixée. En correspondance avec chacune de ces dépendances il y a une intension, que j'appellerai respectivement l'intension *primaire* et l'intension *secondaire*.

L'intension primaire d'un concept est une fonction des mondes aux extensions qui reflète la manière dont est fixée la

* *The Conscious Mind. In Search of a Fundamental Theory*, Oxford, Oxford UP, 1996, p. 57-62.

référence dans le monde actuel. Dans un monde donné elle sélectionne ce qui aurait été le référent du concept si ce monde s'était avéré être actuel. Prenez le concept « eau ». S'il s'avérait que le monde actuel comportait du XYZ dans ses océans et ses lacs, alors « eau » référerait à XYZ, mais étant donné que le monde actuel comporte du H_2O dans ses océans et ses lacs, « eau » réfère à H_2O. Ainsi l'intension primaire de « eau » envoie-t-elle le monde-XYZ sur XYZ, et le monde-H_2O sur H_2O. En première approximation nous pourrions dire que l'intension primaire sélectionne le liquide dominant, clair et potable qui remplit les océans et les rivières ; ou plus brièvement, qu'elle sélectionne la *substance aqueuse* (*watery stuff*) dans un monde donné.

Cependant, *étant donné* que « eau » se trouve référer à H_2O dans le monde actuel, Kripke souligne (comme Putnam 1975) qu'il est raisonnable de dire que l'eau est H_2O dans tous les mondes contrefactuels. L'*intension secondaire* de « eau » sélectionne l'eau dans tous les mondes contrefactuels ; donc si Kripke et Putnam ont raison, l'intension secondaire sélectionne H_2O dans tous les mondes.

C'est l'intension primaire d'un concept qui est la plus centrale pour mon propos : pour le concept d'un phénomène naturel, c'est l'intension primaire qui capture ce qui doit être expliqué. Si quelqu'un dit « Expliquez-moi ce qu'est l'eau » longtemps avant que nous sachions que l'eau est en fait du H_2O, la question vise plus ou moins une explication de ce qu'est le liquide clair et potable présent dans l'environnement. C'est seulement une fois cette explication complétée que nous pouvons savoir que l'eau est H_2O. L'intension primaire d'un concept, à la différence de l'intension secondaire, est indépendante de facteurs empiriques : l'intension *détermine* la manière dont la référence dépend du monde extérieur, donc elle ne dépend pas elle-même de la manière dont est constitué le monde extérieur.

[…] L'intension secondaire d'un concept tel que « eau » n'est pas déterminée *a priori* puisqu'elle dépend de la manière dont les choses s'avèrent être dans le monde actuel. Mais elle a toujours une relation étroite à l'intension primaire évoquée précédemment. Dans ce cas, l'intension secondaire est déterminée tout d'abord en évaluant l'intension primaire dans le monde actuel, puis en *rigidifiant* cette évaluation de telle sorte que la même sorte de chose soit sélectionnée dans tous les mondes possibles. Étant donné que l'intension primaire (« substance aqueuse ») sélectionne H_2O dans le monde actuel, il suit de la rigidification que l'intension secondaire sélectionne H_2O dans tous les mondes possibles.

Nous pouvons résumer ceci en disait que « eau » est conceptuellement équivalent à « *dthat*(substance aqueuse) », où *dthat* est une version de l'opérateur rigidifiant de Kaplan qui transforme une intension en un désignateur rigide par son évaluation dans le monde actuel (Kaplan 1979). L'intension frégéenne unique a été fragmentée en deux : une intension primaire (« substance aqueuse ») qui fixe la référence dans le monde actuel, et une intension secondaire (« H_2O ») qui sélectionne la référence dans les mondes possibles contrefactuels, et qui dépend de la manière dont s'avère être le monde actuel.

[…] Les deux intensions, primaire et secondaire, peuvent être conçues comme des fonctions $f : W \rightarrow R$, des mondes possibles aux extensions, où les mondes possibles en question sont vus de manières subtilement différentes. Nous pourrions dire que l'intension primaire sélectionne le référent d'un concept dans un monde quand ce dernier est *considéré comme actuel* – c'est-à-dire quand il est considéré comme candidat à être le monde actuel du penseur – tandis que l'intension secondaire sélectionne le référent d'un concept dans un monde quand celui-ci est *considéré comme contrefactuel*, étant donné que le monde actuel du penseur est déjà fixé. Quand le monde-XYZ est considéré comme actuel, mon terme « eau » sélectionne XYZ dans le monde, mais s'il est considéré comme contrefactuel « eau » sélectionne H_2O.

La distinction entre ces deux manières de voir les mondes correspond de près à la distinction de Kaplan (1989) entre le *contexte d'assertion* (*context of utterance*) d'une expression et les *circonstances d'évaluation*. Quand nous considérons un monde *w* comme contrefactuel nous conservons le monde actuel comme contexte d'assertion mais nous utilisons *w* comme circonstance d'évaluation. Par exemple, si j'énonce « il y a de l'eau dans l'océan » dans ce monde et que je l'*évalue* dans le monde-XYZ, « eau » réfère à H_2O et l'énoncé est faux. Mais quand nous considérons *w* comme actuel, nous y pensons comme à un contexte d'assertion potentiel, et nous nous demandons comment les choses seraient si le contexte de l'expression s'avérait être *w*. Si le contexte de mon énoncé « il y a de l'eau dans l'océan » s'avérait être le monde-XYZ, alors l'énoncé serait vrai quand il serait évalué dans ce monde. L'intension primaire est ainsi étroitement liée à ce que Kaplan appelle le *caractère* d'un terme, bien qu'il y ait quelques différences, et l'intension secondaire correspond à ce qu'il appelle le *contenu* d'un terme.

[…] Tant l'intension primaire que l'intension secondaire peuvent être conçues comme candidates à la « signification » d'un concept. Je pense qu'il ne sert à rien de choisir l'une d'elles comme étant *la* signification ; le terme « signification » est ici largement un titre honorifique. Nous pourrions aussi bien penser aux intensions primaire et secondaire comme étant les aspects respectivement *a priori* et *a posteriori* de la signification.

COMMENTAIRE

Pourquoi les théories duelles ?

Les initiateurs de la nouvelle théorie de la référence ont légué un problème : comment rendre compte simultanément de la désignation rigide des noms propres ou des termes d'espèces naturelles d'une part, et des écarts épistémiques induits par l'usage de ces désignateurs d'autre part ? Là où l'externalisme semble toucher juste quand il montre que l'indexicalité (*i.e.* la dépendance au contexte de l'énonciation) n'est pas réservée à certaines expressions très particulières comme « je », « ceci » ou « ici », mais qu'elle intervient auprès de nombre d'expressions jugées jusque-là hors de portée comme « eau », « tigre » et « or », il échoue à rendre compte de la manière dont les significations sont appréhendées par des locuteurs compétents, autrement dit des aspects *internes* de la signification.

Plusieurs motivations conduisent à enrichir le cadre théorique de Kripke et Putnam. J'ai indiqué plus haut que cela est exigé pour analyser la signification des compte-rendus d'attitudes propositionnelles, ou pour expliquer la rationalité des agents quand ils entretiennent des attitudes manifestement contradictoires. Un autre point crucial (qui concerne plus spécialement la philosophie de l'esprit) est celui de la causalité mentale. Notre conception usuelle de la causalité nous incite à

n'attribuer de pouvoir causal à une propriété que si elle est
intrinsèque au premier terme d'une relation causale. Autrement
dit, un état ou événement mental ne peut être la cause d'un
comportement qu'en vertu de propriétés qui lui sont intrinsèques. Or si l'externalisme a raison, le contenu d'une attitude
propositionnelle (par exemple la proposition que Johnny casse
ses lunettes, contenu du désir de Johnny de casser ses lunettes)
dépend de l'environnement et n'est pas intrinsèque à l'attitude
en question : le contenu se trouve ainsi causalement inerte [1].

Des philosophes ont proposé d'introduire une *seconde
composante* dans l'analyse de la signification. Il ne s'agit pas
d'un retour à l'approche standard de Frege-Carnap, à l'idée du
Sens qui détermine la Dénotation ou de l'intension qui détermine l'extension, mais d'ajouter une composante autonome
vis-à-vis du niveau référentiel du langage. En fait l'idée est
implicitement déjà présente chez Putnam. Pour ce dernier la
composante première de la signification, c'est l'extension, qui
est socialement déterminée, tandis que le niveau intermédiaire (stéréotype), lié à la compréhension linguistique (à la
re-connaissance de la signification) ne joue qu'un rôle secondaire. Les *théories duelles* de la signification intègrent le niveau
intermédiaire comme un niveau sémantique authentique, au
même titre que l'extension. À côté du *contenu large* correspondant au niveau référentiel « hors de la tête », elles assument
un *contenu étroit* qui coïncide avec ce qui est « dans la tête ».

La sémantique des rôles conceptuels

À l'écart et indépendamment de l'approche vériconditionnelle ou référentialiste de la signification, qui constitue le

---

1. *Cf.* J. Fodor, *Psychosemantics: The Problem of Meaning in the
Philosophy of Mind*, Cambridge (Mass.), MIT Press, 1987.

courant dominant et présenté jusqu'ici, une autre conception a été développée dans le sillage de l'idée de Wittgenstein suivant laquelle la signification d'une expression réside dans *l'usage* que l'on en fait, et plus généralement que la signification linguistique repose sur les *jeux de langages* que nous pratiquons. On peut ici parler d'une conception *horizontale* au sens où la signification ne dépend plus principalement de l'ancrage éventuel du langage dans le monde, mais des interactions langagières entre locuteurs d'une langue.

Partant de cette idée très générale, une élaboration consiste à envisager la signification d'une expression comme reposant sur les règles d'inférence qui lui sont conventionnellement associées. Plus précisément, on pourra dire que la signification d'une expression est le *rôle inférentiel* ou *conceptuel* joué par cette expression. On procède alors à une internalisation de la notion de rôle, de l'usage public des expressions, à leur rôle en tant que symbole (syntaxique) dans un cerveau ou un ordinateur. Ainsi un terme comme « rayé » appliqué à un objet en un lieu et un instant donnés, entraîne que le terme « liquide » n'est pas applicable dans les mêmes circonstances, mais que « solide » est applicable dans ces circonstances. Les relations inférentielles entre expressions s'entrecroisent et forment des chaînes puis des trames dont les nœuds constituent les rôles conceptuels.

L'idée peut être étendue au-delà du seul cas des inférences. Comme les décrit Harman, il s'agit de « rôles fonctionnels dans la psychologie d'une personne » qui comportent « tous les rôles particuliers qu'un concept peut jouer dans la perception et dans l'inférence ou le raisonnement, y compris le raison-

nement pratique qui conduit à l'action »[1]. Les rôles conceptuels ne relèvent pas des pensées objectives ou propositions
frégéennes mais de l'activité de pensée des locuteurs. Même
s'il leur est lié, le rôle inférentiel doit donc être compris suivant
cette approche comme distinct des relations d'implication
dont traite la logique, qui n'incarnent les normes que pour une
classe restreinte des inférences effectuées par un locuteur.

Les rôles conceptuels ne reposent que sur les propriétés
intrinsèques des états mentaux. Ils sont par conséquent susceptibles d'intervenir dans l'explication causale des comportements[2] ou au niveau de la compréhension linguistique. La
conception ne dit pas quel type d'entité mentale est censé
occuper les rôles conceptuels, et elle est ouverte aux contributions de la sémantique linguistique pour avoir une explication de ce qui peut jouer tel ou tel rôle. Après avoir évoqué
les fonctions des mondes possibles sur les valeurs de vérité
(à la Montague), Block écrit ainsi : « En général, quand une
théorie de sémantique formelle entraîne que la signification
d'un énoncé est X, je dis que c'est en vertu de son rôle
fonctionnel que cet énoncé signifie X »[3].

La sémantique des rôles conceptuels est également
compatible avec la conception de la référence directe de Kripke
et Putnam, à condition de contingenter les rôles conceptuels au

1. G. Harman, « Conceptual Role Semantics », *Notre Dame Journal of
Formal Logic* 23, 1982, p. 242-256.

2. Aux rôles conceptuels envisagés comme ici en tant que rôles inférentiels
certains auteurs préfèrent une conception réductionniste de rôles dépourvus
de propriétés intentionnelles, et qualifiés alors de façon plus neutre de *rôles
fonctionnels*. Ce point prend évidemment toute son importance pour traiter de la
causalité du contenu.

3. N. Block, « Functional Role and Truth Conditions », *Proceedings of the
Aristotelian Society*, Supplementary Volumes 61, 1987, p. 157-181.

contenu étroit [1]. Ce n'est bien entendu pas une obligation et des auteurs comme Harman ont défendu la sémantique des rôles conceptuels comme théorie unique de la signification, en niant que la signification comporte une composante référentielle indépendante du rôle conceptuel. Il semble que l'avantage de combiner la sémantique des rôles conceptuels (contenu étroit) à la théorie de la référence directe (contenu large) soit de trouver une réponse aux différentes questions laissées ouvertes par la théorie de la référence directe, tout en rendant justice aux arguments en sa faveur.

Ainsi le rôle conceptuel de « eau » pour les deux Oscar sur Terre et Terre-Jumelle peut-il être le même, ce qui expliquerait la symétrie complète des comportements des deux jumeaux, tandis que les rôles de « JH » et de « JPS » peuvent être distincts, ce qui rend compte de la possibilité d'envisager qu'il s'agisse de deux individus distincts bien que cela soit métaphysiquement impossible (puisque l'identité « JH = JPS » est nécessaire).

Le problème qui apparaît cependant au cœur des théories duelles est que l'on perd le lien entre les deux contenus, étroit et large, de la signification. On perd bien sûr l'articulation frégéenne (la détermination de l'extension par l'intension), ce qui est souhaité, mais on perd aussi peut-être l'articulation putnamienne, plus modeste mais encore présente (entre stéréotype et extension). Pour Fodor et Lepore, le problème est que les deux contenus peuvent produire des conditions de vérité contradictoires :

---

1. C'est notamment la position de N. Block (*op. cit.*) et de H. Field dans son « Logic, Meaning and Conceptual Role », *The Journal of Philosophy* 74, 1977, p. 379-409.

Il y a un prix à payer pour la puissance supplémentaire offerte par les architectures à deux facteurs. Nous sommes maintenant confrontés à la question désagréable : *Qu'est-ce qui relie encore les deux facteurs entre eux ?* Par exemple, qu'est-ce qui empêche qu'il y ait une expression dont le rôle inférentiel serait approprié au contenu *4 est un nombre premier*, mais dont les conditions de vérité seraient appropriées au contenu *L'eau est humide* ?[1].

La théorie est-elle encore intéressante, c'est-à-dire explicative ? N'est-elle pas finalement une description *ad hoc* qui enrégimente tout ce que l'on veut ? Cette question de l'articulation entre composantes de la signification joue un rôle crucial pour la sémantique bidimensionnelle.

L'analyse du contexte

L'expérience de pensée de Terre-Jumelle montre une forte sensibilité au contexte de l'extension des termes d'espèces naturelles. En excluant les indexicaux et en ne considérant que des énoncés éternels, l'analyse logique léguée par Frege ou Quine apparaît après coup comme ayant reposé sur une idéalisation extrême. Le traitement des indexicaux comme « je », « ici », « maintenant », a suscité l'introduction de thèmes pragmatiques en sémantique formelle. Montague s'est penché sur la question. À sa suite, d'autres auteurs ont proposé des analyses qui semblent devoir bouleverser le tableau hérité de Frege d'une intension déterminant l'extension des expressions. Le facteur supplémentaire est le *contexte* d'assertion.

1. J. Fodor et E. LePore, *Holism : A Shoppers' Guide*, Oxford, Blackwell, 1992, p. 170.

Montague avait formalisé la signification des expressions à l'aide de fonctions définies sur des mondes possibles. En fait il avait aussi ajouté un indice temporel pour formaliser les temps grammaticaux, et le locuteur pour formaliser les pronoms. Lewis a proposé d'élargir cette approche en considérant des suites d'indices généralisés comportant chacun, non seulement un monde possible, un temps et un locuteur, mais encore un ensemble d'objets pertinents (pour déterminer l'extension des démonstratifs comme « ceci » et « cela »), plusieurs paramètres de précision (pour traiter les expressions vagues), etc. [1]. Cresswell a ensuite proposé d'étendre la suite de Lewis en un paramètre contextuel plus général, arguant du fait qu'il n'y a pas de limite de principe aux aspects du contexte qui peuvent être pertinents pour l'interprétation d'un énoncé [2].

L'idée qui ressort de cela est cependant de distinguer deux paramètres dans l'interprétation : le *contexte* (plus ou moins généralisé) qui fixe les conditions de vérité, et le *monde possible* où l'expression est évaluée. Cette distinction est mise en œuvre dans les conceptions développées respectivement par Kaplan et par Perry. Le *caractère* d'une expression pour Kaplan est ainsi une fonction ou une règle qui attribue au contexte d'usage le *contenu* de cette expression, qui est l'intension, c'est-à-dire une autre fonction (des mondes possibles sur les extensions) [3].

Prenons le cas de l'assertion suivante par Johnny : « Je vends des lunettes ». Le caractère de « Je » est la fonction qui, à chaque contexte d'usage, associe le locuteur : ici le caractère

1. D. Lewis, « General Semantics », *Synthese* 22, 1970, p. 18-67. *Cf.* notamment l'appendice p. 62-65.

2. Voir B.H. Partee, « Possible Worlds… », art. cit.

3. Voir D. Kaplan, « On the logic of demonstratives », *Journal of Philosophical Logic* 8, 1978, p. 81-88.

produit Johnny. Le caractère des autres expressions (non indexicales) est une fonction constante, qui leur associe systématiquement le même contenu. Le contenu de l'assertion est l'intension de la phrase (décontextualisée) « Johnny vend des lunettes », c'est-à-dire la fonction qui à chaque monde possible attribue la valeur de vérité de cette phrase dans ce monde (ou de façon équivalente, une *proposition* : l'ensemble des mondes possibles où cette phrase est vraie).

Pour Kaplan, la distinction entre caractère et contenu constitue une ramification supplémentaire ajoutée à la distinction frégéenne entre Sens et Dénotation par la considération de deux variétés de Sens. Un locuteur compétent est supposé maîtriser le caractère d'une expression, c'est-à-dire la règle, conventionnellement fixée et constante, permettant de déterminer son contenu en fonction du contexte, mais il n'est évidemment pas supposé connaître son contenu indépendamment du contexte.

Perry défend une conception très proche de celle de Kaplan. Lui aussi présente sa conception comme un perfectionnement de la notion frégéenne de Sens. Dans son analyse des démonstratifs chez Frege[1], Perry montre en quoi le Sens des énoncés mêle deux fonctions inconciliables, une fonction sémantique (ce qui porte les valeurs de vérité) et une fonction épistémique. Il propose de dissocier les deux fonctions, respectivement la *pensée* comme information, du *sens* (ce qui constitue la valeur cognitive des énoncés) que Perry envisage comme une fonction du contexte d'assertion qu'il appelle le rôle (l'analogue du caractère de Kaplan).

---

1. J. Perry, « Frege on Demonstratives », *The Philosophical Review* 86, 1977, p. 474-497.

On retrouve chez Kaplan ou Perry des distinctions qui renvoient donc à celles de Kripke entre deux types de modalités : Kaplan dit que sa propre distinction et celle de Kripke ont la même structure, même si elles se situent sur des plans différents. En reprenant la terminologie de Putnam on pourrait dire que le caractère d'une expression est *dans la tête*, au sens où il est ce qui doit être maîtrisé par un locuteur compétent. Le contenu linguistique d'une expression est ainsi assimilé par Kaplan et Perry au contenu cognitif qu'elle exprime[1]. Caractères (ou rôles) interviennent cependant exclusivement dans le traitement des indexicaux chez ces deux auteurs. Kripke et Putnam ayant argumenté que l'indexicalité est un phénomène général, la distinction entre caractère et contenu est susceptible d'éclairer celle entre les deux types de modalités défendue par Kripke.

Le tableau qui se dessine est alors le suivant : le contenu cognitif (*étroit* dans la terminologie des théories duelles) associé à une expression donnée est ce qui est maîtrisé par les locuteurs compétents ; c'est une fonction qui prend le contexte pour argument, donc quelque chose d'indépendant du contexte, qui ne détermine pas l'extension (contenu *large*) indépendamment du contexte, et qui n'est pas non plus déterminé par l'extension. Il semble par conséquent que la prise en compte du contexte dans une théorie de la signification permette de rendre compte de la dimension épistémique de la compréhension linguistique tout en respectant les intuitions modales de Kripke et Putnam.

---

1. Pour une présentation (et une critique) de cette assimilation, voir F. Récanati, « Contenu sémantique et contenu cognitif des énoncés », dans D. Andler (dir.), *Introduction aux sciences cognitives*, Paris, Gallimard, 1992, p. 239-270.

Bidimensionnalisme : l'interprétation de Stalnaker

Stalnaker a initié l'approche bidimensionnelle en sémantique dans un article célèbre de 1978 sur l'assertion[1]. Son analyse consiste à formaliser le contexte d'assertion sur le même mode que les mondes possibles. Plus précisément, un monde possible peut être envisagé de façon habituelle en tant que possibilité alternative au monde actuel, mais il peut aussi être conçu en tant que contexte d'assertion d'un énoncé.

Envisageons par exemple trois mondes possibles : w_1 où Johnny est une star du show-biz mais pas Nicolas, w_2 où Nicolas est une star du showbiz mais pas Johnny, et w_3 où ni l'un ni l'autre ne sont des stars du show-biz. Le contenu (*i.e.* l'intension) de la phrase «Johnny est une star du show-biz» peut alors être représenté à l'aide d'une matrice unidimensionnelle :

w_1	w_2	w_3
V	F	F

Cette matrice décrit en effet la fonction qui à chaque monde possible associe la valeur de vérité de la phrase (ou alternativement, la *proposition* exprimée par la phrase, c'est-à-dire l'ensemble des mondes possibles où la phrase est vraie) : la phrase considérée est vraie en w_1 et fausse en w_2 et w_3 (et la proposition se réduit à $\{w_1\}$).

Considérons maintenant sur le même ensemble de mondes possible cette autre phrase : « Je suis une star du show-biz », en supposant de plus que Johnny l'énonce en w_1 et w_3, tandis qu'elle est assertée par Nicolas en w_2. On peut alors représenter

1. R. Stalnaker, « Assertion », dans P. Cole (dir.), *Syntax and Semantics* 9, New York, New York Academic Press, 1978, p. 315-332, réimp. dans *Context and Content*, Oxford, Oxford UP, 1999.

la signification de cette phrase par une matrice bidimensionnelle, dont l'axe vertical représente les mondes possibles en tant que contextes d'assertion (c'est-à-dire comme déterminant ce qui est dit), et l'axe horizontal les mondes possibles où la phrase énoncée est évaluée :

	w_1	w_2	w_3
w_1	V	F	F
w_2	F	V	F
w_3	V	F	F

Chaque ligne horizontale représente ici le contenu (*i.e.* l'intension habituelle) de l'assertion dans le contexte indiqué à gauche : on retrouve donc la même proposition en w_1 et w_3, mais une autre en w_2. Stalnaker introduit ici deux notions utiles. Sa matrice représente un *concept propositionnel*, qui peut être conçu comme une fonction des mondes possibles dans les propositions, ou de façon équivalente comme une fonction des paires de mondes possibles dans les valeurs de vérité.

L'autre notion est celle de *proposition diagonale*, qui est la proposition représentée par la diagonale de la matrice : $\langle\langle\, w_1, w_1\rangle, \langle\, w_2, w_2\rangle, \langle\, w_3, w_3\rangle\rangle$. Cette proposition est définie par ce qui exprimé par une assertion dans chaque contexte et évalué relativement à ce contexte. La proposition diagonale, si elle est toujours vraie, correspond à une phrase connaissable *a priori*. Un énoncé comme « Je suis ici », asserté dans deux contextes, l'un par Johnny à Paris (w_1) et l'autre par Johnny à Gstaad (w_2), conduit ainsi au concept propositionnel suivant :

	w_1	w_2
w_1	V	F
w_2	F	V

Aucune des deux propositions exprimées n'est nécessaire : la proposition que Johnny est à Paris (correspondant à la première ligne) est vraie dans w_1 mais fausse dans w_2 envisagé comme monde possible contrefactuel (case en haut à droite), et de façon analogue pour la proposition que Johnny est à Gstaad ; mais la proposition diagonale est toujours vraie, puisque quel que soit le contexte d'assertion, elle sera vraie relativement à ce contexte.

À la différence de Kaplan, Stalnaker ne restreint pas son approche aux seuls indexicaux : le contexte peut ici être tel que le sens des mots soit modifié, et Stalnaker qualifie sa propre approche de *méta-sémantique*[1]. Ainsi un nom propre comme « JH » qui réfère à JH dans un contexte standard (w_1), pourra-t-il désigner quelqu'un d'autre, par exemple David Douillet, dans un autre contexte (w_2). En supposant que « JPS » nomme JPS dans les deux contextes, l'énoncé d'identité « JH = JPS » correspond à la proposition (nécessairement) vraie que JH est identique à JPS pour w_1, et à la proposition (nécessairement) fausse que David Douillet est identique à JPS pour w_2 :

	w_1	w_2
w_1	V	V
w_2	F	F

Ici la proposition diagonale n'est pas toujours vraie : cela représente le fait que la vérité de l'énoncé considéré, quoique nécessaire, n'est pas vraie dans tous les contextes. On trouve ainsi dans l'approche bidimensionnelle une combinaison de l'approche kripkéenne (les noms propres sont tous des dési-

---

1. R. Stalnaker, « Assertion Revisited : On the Interpretation of Two-Dimensional Modal Semantics », *Philosophical Studies* 118, 2004, p. 299-322.

gnateurs rigides) avec l'idée de Frege de la valeur informative de certaines identités[1].

Bidimensionnalisme : l'interprétation de Chalmers

La structure bidimensionnelle de Stalnaker a été reprise par Chalmers qui lui a cependant adjoint une tout autre interprétation. Ici on prend à bras le corps le découplage entre modalités métaphysiques et modalités épistémiques énoncé par Kripke. Ce dernier a proposé[2] une analyse des *illusions modales* résultant de ce découplage, c'est-à-dire des cas d'octroi d'une possibilité épistémique à des impossibilités métaphysiques : des descriptions qualitatives auxiliaires viennent se substituer aux désignateurs rigides dans un énoncé d'identité, engendrant ainsi l'illusion modale. Quand on croit considérer l'identité entre Hesperus et Phosphorus, c'est en fait l'identité entre l'étoile du soir et celle du matin que l'on considère, d'où l'illusion d'une identité contingente.

Pourquoi ne pas faire de ces descriptions «parasites» d'authentiques composants de la signification? C'est la voie suivie par Chalmers qui distingue donc deux intensions : l'intension primaire, *a priori*, qui «*détermine* la manière dont la référence dépend du monde extérieur», et l'intension secondaire «qui sélectionne la référence dans les mondes possibles contrefactuels».

---

1. L'interprétation méta-sémantique conduit à envisager des contextes où le vocabulaire est réinterprété (par exemple «eau» pourra désigner de la bière). Il en résulte que nombre de vérités analytiques (comme «Aucun célibataire n'est marié») ne correspondent pas à des propositions diagonales toujours vraies : l'interprétation de Stalnaker ne rend compte que partiellement des vérités connaissables *a priori*, à la différence de celle de Chalmers.

2. S. Kripke, *La logique des noms propres, op. cit.*, p. 132.

L'exemple du terme « eau » cité dans l'extrait proposé peut être aisément présenté sous forme d'une matrice à la Stalnaker :

	w_1-H_2O	w_2-XYZ	
w_1-H_2O	H_2O	H_2O	...
w_2-XYZ	XYZ	XYZ	...
...	...	...	...

L'*intension bidimensionnelle* est représentée par la totalité de la matrice. Les mondes de l'axe vertical sont les mondes *considérés comme actuels* : ils correspondent aux *scénarios* ou mondes épistémiquement possibles associés à l'expression. Ici, w_1 correspond au monde actuel (réel) et w_2 au monde concevable où l'eau est XYZ. Les mondes de l'axe horizontal sont quant à eux les différents mondes *considérés comme contrefactuels* ou mondes métaphysiquement possibles. Si w_1 est considéré comme actuel, alors « eau » désigne H_2O sur toute la ligne de la matrice, ce qui signifie qu'il est métaphysiquement impossible que l'expression désigne une autre substance. Si c'est w_2 qui est considéré comme actuel, alors « eau » désigne nécessairement la substance XYZ. Si w_1 est le monde actuel, il est alors métaphysiquement impossible mais épistémiquement possible que « eau » désigne autre chose que H_2O.

L'*intension primaire* ou *épistémique* correspond à la diagonale descendante, et l'*intension secondaire* ou *subjonctive*, variable suivant le monde qui est considéré comme actuel, correspond à chaque ligne. Cette matrice construite ici pour un prédicat peut également l'être pour un nom propre ou un énoncé. L'intérêt de l'approche bidimensionnelle est de retrouver une caractérisation des vérités nécessaires et des vérités *a priori* en termes de ces intensions : un énoncé est métaphysiquement nécessaire si et seulement si son intension secondaire est vraie dans tous les mondes, et il est *a priori* (autrement dit épistémiquement nécessaire) si et seulement si son intension primaire est vraie dans tous les scénarios.

La sémantique bidimensionnelle de Chalmers permet de rendre compte des cinq énigmes mentionnées dans la partie principale du livre. Les assertions existentielles négatives (1) et l'universalité du tiers exclu (2) ne soulèvent pas plus de problèmes ici que pour Kripke. Les termes singuliers vides (3) sont mieux traités ici que par la théorie de la référence directe, du moins dans le cas non fictionnel (c'est-à-dire quand l'existence d'un référent fait partie des possibilités épistémiques) : le nom propre « Vulcain » (attribué par Le Verrier à une planète hypothétique inexistante) peut être traité à l'égal de « Vénus » *et* comme désignateur rigide. La valeur informative des énoncés d'identité (4) a déjà été mentionnée : l'intension épistémique de $a=b$ n'est pas la même que celle de $a=a$. Reste la question des contextes indirects (5) dont la solution est plus complexe : « Une attribution de croyance "x croit que S" est vraie quand le sujet x a une croyance avec l'intension subjonctive de S (dans la bouche de la personne qui attribue), et avec une intention épistémique appropriée à S »[1], le caractère approprié étant difficile à expliciter. Cette combinaison des deux contenus permet de rendre compte du contenu large (par l'intension subjonctive) comme du rôle explicatif des attributions de croyances (par l'intension épistémique).

L'extrait présenté peut suggérer une appréhension descriptiviste de l'intension primaire, qui serait dans la continuité du traitement kripkéen des illusions modales, lorsque Chalmers parle de « substance aqueuse ». Mais il n'y a pas

1. D. Chalmers, « The Components of Content », dans D. Chalmers (dir.), *Philosophy of Mind : Classical and Contemporary Readings*, Oxford, Oxford UP, 2002, section 7.

d'obligation dans ce sens, même si on peut souvent caractériser l'intension primaire à l'aide d'une description. L'intension primaire correspond au contenu étroit des théories duelles, et elle est même spécifiquement conçue par Chalmers en termes de *rôle inférentiel* (ce qui n'est toutefois pas une obligation pour l'interprétation épistémique) [1].

Le passage se conclut sur une revendication de *pluralisme sémantique*. La sémantique bidimensionnelle ne prétend pas élucider complètement la notion de signification, puisque certains aspects du Sens frégéen restent résolument hors de sa portée, comme la différence (cognitive) entre « 7 » et « 4 + 3 » qui constitue une différence de *Sens* chez Frege mais qui n'est pas décelée par l'intension bidimensionnelle. Chalmers parle dans un registre plutôt neutre des deux intensions comme deux *aspects* de la signification. Ailleurs, il semble prêt à renoncer à l'idée que l'intension primaire soit véritablement un élément constitutif de la *signification*, notamment du fait qu'elle peut varier entre différentes occurrences d'une expression [2].

Suivant l'interprétation épistémique de Chalmers, l'axe additionnel des mondes possibles ne constitue pas un niveau de *sens objectif* (non psychologique) qui viendrait s'ajouter au niveau de la référence. C'est un aspect important qui indique que la sémantique bidimensionnelle n'inaugure pas obligatoirement une rupture avec le monisme de Kripke-Putnam.

---

1. D. Chalmers, « Two-Dimensional Semantics », dans E. Lepore et B. Smith (dir.), *Oxford Handbook of the Philosophy of Language*, Oxford, Oxford UP, 2006, § 3.4.

2. D. Chalmers, « Epistemic Two-Dimensional Semantics », *Philosophical Studies* 118, 2004, p. 153-226, § 3.5.

TEXTE 2

J. BARWISE et J. PERRY,
*Sémantique des situations**

Quand vous dites : « J'ai raison, vous avez tort » en me parlant, et que j'emploie les mêmes mots en m'adressant à vous, nous sommes en désaccord. Nous faisons différentes affirmations sur le monde. Ce que vous dites sera vrai si vous avez raison et que j'ai tort, tandis que ce que je dis sera vrai si vous avez tort et que j'ai raison. Ces différentes affirmations sont les différentes interprétations qu'ont nos assertions. Mais la signification de l'énoncé que nous employons tous deux n'a pas changé. C'est la même ; les interprétations sont différentes. C'est ce que nous appelons l'*effectivité* (*efficiency*).

On peut imaginer des énoncés non efficients, énoncés qui font la même affirmation sur le monde quel que soit le locuteur qui les asserte et le moment où ils sont énoncés. Ce sont (*grosso modo*) ce que Quine appelle des *énoncés éternels*. Ils ne contiennent pas d'indexicaux comme « je », pas de démonstratif comme « ceci », pas de temps. On peut imaginer de tels énoncés, mais à l'exception peut-être des énoncés mathéma-

* *Situations and Attitudes*, CSLI Publications, 1983, p. 5-6 et 57-58.

tiques il n'est pas facile d'en produire des exemples. Malgré cela les énoncés éternels ont servi de paradigme des expressions signifiantes. Nous concevons la signification comme un phénomène bien plus omniprésent que ce que l'on admet communément en philosophie de nos jours. Une fois cette possibilité prise au sérieux, il devient clair que l'unité de signification efficiente (qu'il s'agisse d'expressions ou d'autres choses) devient la norme. La philosophie moderne du langage a alors fait deux choses : elle a pris les expressions non efficientes comme le paradigme de la signification linguistique, et elle a oublié que des choses autres que les expressions peuvent être signifiantes.

L'interprétation d'une assertion dépend de la signification des expressions employées et de divers autres faits concernant l'assertion. La vérité d'une assertion dépend à son tour de la question de l'adéquation de son interprétation aux faits. Les faits à propos du monde viennent ainsi à deux reprises sur le chemin qui conduit de la signification à la vérité : une première fois pour déterminer l'interprétation étant donnée la signification, puis à nouveau pour déterminer la valeur de vérité étant donnée l'interprétation. Nous devons cette idée au travail important de David Kaplan sur les indexicaux et les démonstratifs, et nous croyons qu'elle est absolument cruciale pour la sémantique.

Mais nous pensons qu'un pas supplémentaire doit être franchi si une théorie doit considérer les expressions efficientes comme le cas paradigmatique des porteurs de signification. Ce pas, c'est la reconnaissance des situations. En employant les situations on peut séparer proprement les deux parties de réalité qui interviennent entre signification et vérité : les faits à propos de l'assertion, et les faits à propos de la *situation décrite*, c'est-à-dire, les faits pertinents pour la vérité ou la fausseté de l'assertion telle qu'elle est interprétée. Quand je dis : « Vous êtes assis », les faits à propos de moi, de qui je suis et de la personne à qui je m'adresse, déterminent l'interprétation de mon assertion. Mais ce sont des faits à propos de vous qui déterminent si mon assertion est vraie ou fausse. La notion de situation autorise cette articulation de ce que nous allons appeler *la théorie relationnelle de la signification* (*the relation theory of meaning*) : la signification en général, et la signification linguistique en particulier, est une relation entre situations.

[...] *Situations : abstraites et réelles*

La sémantique étudie la relation entre le langage et le monde. La sémantique mathématique, ou théorie des modèles, réalise cela en introduisant des structures mathématiques (différentes sortes d'objets abstraits) qui, d'une part, représentent certains aspects du monde et, d'autre part entretiennent certaines relations aux expressions du langage étudié. C'est une pratique assez commune en sémantique mathématique que d'identifier simplement le monde avec la structure qui le représente. Mais cette identification cache un aspect important de toute l'entreprise, si bien que nous nous y refusons ici. C'est pourquoi nous distinguons explicitement les situations réelles des situations abstraites qui *classifient* avec précision les situations réelles.

Un état de choses abstrait ou un déroulement d'événement abstrait est un ensemble. Cela n'est par perçu, n'entretient pas de relations causales avec d'autres situations abstraites, et n'est pas présent dans la nature. Les situations abstraites ont le statut, quel qu'il soit, des ensembles d'objets existants dont l'existence est contingente [...]. Les situations réelles ne sont pas des ensembles mais des parties de la réalité. Elles sont perçues et entretiennent des relations causales les unes avec les autres. Elles constituent ce que l'on peut appeler l'ordre causal.

Nous concevons les situations *réelles* comme étant
métaphysiquement et épistémologiquement antérieures aux
relations, individus et localisations. Mais les relations, les
individus et les localisations sont métaphysiquement et
épistémologiquement antérieurs aux situations *abstraites*.
Ces dernières sont construites à partir des premières comme
des ensembles de différents types. Il est alors important de ne
pas confondre les situations réelles avec leurs contreparties
abstraites. D'autre part il est également important de
comprendre la relation théorique entre situations réelles et
situations abstraites.

COMMENTAIRE

Modèles partiels et domaines restreints

La sémantique des situations repose sur une notion importante en sémantique, et qui est venue concurrencer celle de monde possible : la notion de *modèle partiel*. De quoi s'agit-il ? Plutôt que de considérer d'emblée des mondes possibles complets (au sens où tout énoncé y est vrai ou faux de façon déterminée) on se propose de considérer des « petits mondes » qui correspondent à la cible d'un discours, d'une conversation, voire au contenu d'un scénario perceptif. Ces petits mondes laissent simplement indéterminés les énoncés hors sujet.

On retrouve ainsi une dimension pragmatique évoquée précédemment : il ne s'agit plus de considérer la signification abstraite ou littérale des types d'expressions, signification constante au travers des occurrences, mais bien de s'attacher à chaque occurrence, à chaque assertion d'une expression qui est effectuée dans un contexte donné, *i.e.* par un locuteur donné, à un instant donné, en un lieu donné, etc.

Comme le signale l'extrait présenté cette distinction entre signification abstraite des types d'expression et signification « instanciée » des occurrences apparaît chez Kaplan au sujet des indexicaux purs, dont la sensibilité au contexte est manifeste. Nous avons vu que des auteurs comme Kripke ou Putnam ont généralisé l'approche indexicale à d'autres catégories d'expressions comme les termes d'espèces naturelles. Ici il s'agit encore d'un autre genre de sensibilité au contexte, qui n'est pas lié à la constitution de la signification : la sensibilité au contexte de l'*interprétation* des énoncés. Qui plus est, le contexte n'intervient pas seulement dans la détermination de l'extension des expressions pour un domaine donné, il modifie le domaine de quantification. C'est sur ce point qu'apparaît en premier lieu l'intérêt du recours aux situations.

Dans un article de 1950, Strawson[1] a contesté l'analyse standard des descriptions définies offerte par Russell. Dans l'usage ordinaire nous ne recourons généralement qu'à des descriptions *incomplètes*, du type « la table », et nous réussissons à référer à des objets singuliers. Pourtant, il n'y a pas dans l'univers une seule et unique table comme le voudrait l'analyse russellienne de « la table ». La description est incomplète au sens où pour désigner un individu de façon univoque, elle devrait être complétée comme dans « la table de cette pièce » (avec un indexical) ou dans « la table la cuisine de Johnny » (sans indexical).

Plusieurs stratégies ont été développées pour rendre compte de cet échec de la théorie russellienne[2]. Une première voie consiste à distinguer ce qui est dit (*what is said*) de ce qui est signifié (*what is meant*). Cela renvoie à plusieurs positions, notamment celle de Donnellan[3] au sujet des deux usages des descriptions (coïncidence dans l'usage attributif, mais écart

1. P.F. Strawson, « On Referring », *Mind* 59, 1950, p. 320-344.

2. *Cf.* M. Reimer, « Quantification and Context », *Linguistics and Philosophy* 21, 1998, p. 96-115.

3. K. Donnellan, « Reference and Definite Descriptions », *Philosophical Review* 77, 1966, p. 281-304.

dans l'usage référentiel), ou encore à celle de Kripke[1] entre référence sémantique et référence du locuteur. L'idée est de prendre en compte la spécificité de chaque assertion de l'expression incriminée : l'assertion est produite dans un contexte donné, par un locuteur donné, à un instant donné. Ce qui prime alors est l'intention du locuteur : que veut-il exprimer, désigner, signifier ? En employant l'expression « la table », le locuteur veut désigner une table particulière et il y parvient (c'est ce qui est signifié par l'assertion), même si la proposition exprimée (ce qui est dit) par cette description au sujet de cette table est faux (puisqu'il est faux qu'elle soit l'unique table de l'univers). Le mécanisme invoqué ici est semblable à celui de Donnellan qui donne l'exemple d'une désignation réussie à un individu dans une réception, « l'homme qui boit un verre de Martini », à l'aide d'une description que l'individu en question ne satisfait pas (parce qu'il boit autre chose).

Les éléments contextuels pertinents sont autres selon deux autres grandes stratégies, dites analyses explicite et implicite, qui visent à éviter ce recours à la distinction des deux types de signification. Selon *l'analyse explicite*, les descriptions incomplètes le sont par ellipse : le caractère incomplet est syntaxique. Une assertion de « la table » abrège en fait « la table de cette pièce », et l'indexical « cette » est paramétré par le contexte (qui fournit le lieu de l'assertion). Une critique à cette solution, adressée notamment par Wettstein, est que le complément censément éliminé par ellipse est indéterminé.

---

1. S. Kripke, « Speaker's Reference and Semantic Reference », dans P. French *et alii* (dir.), *Contemporary Perspectives in the Philosophy of Language*, Minneapolis, University of Minnesota Press, 1977, p. 6-27.

Selon *l'analyse implicite*, « la table » n'abrège aucune description plus complète : le contexte intervient au niveau sémantique en imposant une restriction du domaine de quantification aux objets pertinents[1]. L'idée est alors d'interpréter les énoncés relativement à des mondes restreints. Le point ne vaut d'ailleurs pas que pour les descriptions définies, mais il concerne bon nombre d'énoncés quantifiés. Un cas analogue à « la table » est offert par la phrase « Tout le monde est fatigué », énoncée au cours d'une réunion avant de demander une pause : le quantificateur universel correspondant à « tout le monde » n'est pas analysé relativement à l'univers entier, mais par rapport aux participants à la réunion. L'idée de *situation* est précisément une manière d'envisager ces restrictions.

Les situations

La sémantique des situations de Barwise et Perry a conduit à de nombreux développements tant en linguistique pour l'explication de phénomènes empiriques, qu'en logique pour l'explicitation de fondements et d'un cadre formel unifié pour les contributions des linguistes. L'idée de situation est présentée dans l'extrait comme ce qui doit permettre d'analyser sémantiquement les expressions *efficientes*, *i.e.* de rendre compte d'abord de l'interprétation de telles expressions relativement au contexte d'assertion, puis de leur évaluation relativement au monde.

Les constituants primitifs de la théorie sont des « choses réelles : individus, propriétés, relations, et localisations de l'espace-temps »[2]. Ce parti-pris ontologique réaliste est

---

1. M. Reimer, art. cit., propose pour certains cas d'étendre la restriction aux *propriétés* pertinentes.

2. J. Barwise et J. Perry, *op. cit.*, p. 178.

central pour le cadre général de la sémantique des situations et assumé comme tel. Barwise et Perry veulent leur théorie ancrée dans les *situations réelles* (d'où proviennent ces constituants), celles que l'on trouve dans le monde, qui forment le contenu de nos attitudes et de certaines de nos perceptions, comme les scènes visuelles.

Ces situations réelles sont des entités structurées, du moins leurs représentations dans la théorie sont-elles structurées, à la manière des propositions russelliennes. Les *situations abstraites*, que Barwise et Perry tiennent à distinguer soigneusement des situations réelles, sont les représentations (partielles) de ces dernières à partir de complexes de base, les unités de signification ou *infons* (pour *items of information*). Un *infon* $\sigma = \langle\langle R, a_1, ..., a_n\rangle, i\rangle$ est une paire composée d'un symbole de relation n-aire (désignant une propriété ou une relation) et de constantes individuelles (désignant des individus), suivis d'une polarité i (0 ou 1 : le seul élément qui ne représente pas « une chose réelle »). Voici par exemple deux *infons* :

$\sigma_1 : \langle\langle \text{Fume, Johnny}\rangle, 1\rangle$
$\sigma_2 : \langle\langle \text{Reconnaît, Johnny, Nicolas}\rangle, 0\rangle$

le premier correspondant aux cas où Johnny fume, et le second aux cas où Johnny ne reconnaît pas Nicolas.

Une situation abstraite simple (ou un *état de choses*) $\langle l, \sigma\rangle$ est une paire composée d'un indice de localisation spatio-temporelle l et d'un *infon* σ. Une situation abstraite complexe (ou un *cours d'événements*) est un ensemble de situations abstraites simples. Une situation réelle **s** sera donc représentée dans la théorie par une ou plusieurs situations abstraites s. Ainsi :

$$s_1 : \langle \mathit{Paris\text{-}14.12.07}, \langle\langle \mathrm{Fume}, \mathrm{Johnny}\rangle, 1\rangle\rangle$$

représente une situation s_1 où Johnny fume à Paris le 14 décembre 2007, tandis que :

$$s_2 : \langle \mathit{Gstaad\text{-}03.03.08}, \langle\langle \mathrm{Reconnaît}, \mathrm{Johnny}, \mathrm{Nicolas}\rangle, 0\rangle\rangle$$

représente une situation s_2 où Johnny ne reconnaît pas Nicolas à Gstaad le 3 mars 2008. Un exemple de situation abstraite complexe, comme celle où Johnny fume mais ne mange pas à Paris le 14 décembre 2007, est donné par :

$$s_3 : \{\langle \mathit{Paris\text{-}14.12.07}, \langle\langle \mathrm{Fume}, \mathrm{Johnny}\rangle, 1\rangle\rangle, \\ \langle \mathit{Paris\text{-}14.12.07}, \langle\langle \mathrm{Mange}, \mathrm{Johnny}\rangle, 0\rangle\rangle\}$$

cette représentation restant partielle eu égard à la richesse de la situation réelle représentée, qui inclut d'autres propriétés et relations impliquant Johnny et son environnement.

Une situation donnée peut ensuite *soutenir* (rendre factuel) ou non un *infon*. On dit ainsi que la situation s_1 soutient l'*infon* σ_1 (ce qui est noté : $s_1 \models \sigma_1$), parce que l'information portée par σ_1 est vraie dans la situation s_1. (La situation s_3 ci-dessus soutient également σ_1.) La relation de soutien s'étend à des *infons* composés, comme l'*infon* suivant qui est une conjonction d'*infons* :

$$\sigma_3 : \langle\langle \mathrm{Fume}, \mathrm{Johnny}\rangle, 1\rangle \wedge \langle\langle \mathrm{Mange}, \mathrm{Johnny}\rangle, 0\rangle.$$

et dont on peut dire qu'il est soutenu par la situation s_3, mais pas par s_1.

La partialité de la sémantique des situations apparaît ici simplement. Peut-on dire que la situation s_2 soutient σ_1, ou qu'elle soutient le type/infon analogue de polarité opposée $\sigma_1' = \langle\langle \mathrm{Fume}, \mathrm{Johnny}\rangle, 0\rangle$? Non : la situation où Johnny ne reconnaît pas Nicolas à Gstaad le 3 mars 2008 est totalement indifférente au fait que Johnny fume ou ne fume pas.

C'est cependant entre situations réelles et infons que la relation de soutien trouve son fondement : $s \models \sigma$ quand l'infon σ est une information vraie de la situation réelle s. On peut alors construire une situation abstraite à partir d'une situation réelle s et d'un ensemble d'infons donnés comme l'ensemble des infons soutenus par s : $\{\sigma : s \models \sigma\}$. Mais surtout, l'idée est que les infons sont des unités qui nous servent à classifier les situations réelles. Dans la théorie, on peut utiliser les infons simples et composés pour obtenir une classification des situations abstraites en types de situations.

On peut ainsi considérer le type S_1 de situation où Johnny fume, qui s'obtient à partir de la situation s_1 en ayant fait abstraction de la localisation spatio-temporelle, donc en reprenant l'infon σ_1 :

$$S_1 = [s \mid s \models \langle\langle \text{Fume, Johnny} \rangle, 1 \rangle]$$

et de façon analogue le type de situation complexe où Johnny fume mais ne mange pas :

$$S_3 = [s \mid s \models \langle\langle \text{Fume, Johnny} \rangle, 1 \rangle \wedge \langle\langle \text{Mange, Johnny} \rangle, 0 \rangle].$$

De façon générale, à partir d'un infon simple ou composé σ, on peut définir le type de situation correspondant : $[s \mid s \models \sigma]$ [1]. La notion de type de situation s'étend à des infons dont on a remplacé une constante par un paramètre, comme :

$$S_4 = [s \mid s \models \langle\langle \text{Fume, x} \rangle, 1 \rangle]$$

qui représente le type de situation où quelqu'un fume (le paramètre x étant du type « agent humain », et exigeant une fonction d'ancrage pour obtenir une valeur déterminée).

---

1. La notation particulière (simplifiée) employée ici est justifiée par le fait qu'un *type* de situation n'est pas un ensemble, mais une propriété ou fonction s'appliquant aux situations abstraites.

Contraintes, signification linguistique

Tandis que les types offrent un mode de classification des situations, les *contraintes* interviennent ensuite dans la théorie pour capturer les modes rationnels d'inférence et d'action des agents. Les contraintes relient des types de situations : il peut s'agir de lois naturelles, de conventions, de règles logiques ou analytiques, de règles linguistiques, de généralisations empiriques, etc. [1].

Considérons la correspondance empirique entre la fumée et le feu : en présence d'une situation où il y a de la fumée, *i.e.* d'un type de situation $S_A = [s \mid s \models \langle\langle \text{Fume}, t \rangle, 1\rangle]$ (où t est un paramètre temporel), un agent inférera (sur la base d'une généralisation empirique bien connue) qu'il y a du feu, autrement dit que la situation est du type $S_B = [s \mid s \models \langle\langle \text{Est en feu}, t \rangle, 1\rangle]$. La rationalité de cette inférence est résumée par une contrainte qui relie les deux types de situation : S_A entraîne S_B ($S_A \Rightarrow S_B$). Cette contrainte relie des types de situations, mais elle permet à un agent, capable de classifier une situation réelle sous un type donné (S_A) et maîtrisant la contrainte, d'inférer que cette situation est d'un autre type (S_B).

Les contraintes analytiques fonctionnent suivant le même principe, reliant des types de situations. Ainsi entre $S_{cel} = [s \mid s \models \langle\langle \text{Célibataire}, x \rangle, 1\rangle]$ (où x est un paramètre de type agent humain) et $S_{nmar} = [s \mid s \models \langle\langle \text{Marié}, x \rangle, 0\rangle]$, on a également la relation d'entraînement : $S_{cel} \Rightarrow S_{nmar}$.

Comment analyser maintenant la *signification* d'une assertion de φ en termes de situations ? Dans le passage reproduit,

1. Voir K. Devlin, « Situation theory and situation semantics », dans D. Gabbay et J. Woods (eds.), *Handbook of the History of Logic*, Amsterdam, Elsevier, 2006, vol. 7, p. 601-664, p. 9. Cet article offre une présentation synthétique utile de la sémantique des situations.

les auteurs parlent d'une conception *relationnelle* de la signification. L'idée est que la signification est une relation : d, c
‖φ‖ e entre trois situations : une situation discursive d (la
situation où l'expression est assertée, comportant le locuteur,
l'interlocuteur, le lieu et la date de l'énonciation, ainsi que des
éléments saillants du contexte) ; une situation de connexion c
(la connexion du locuteur au monde : ce à quoi le locuteur
réfère en employant telle expression) ; et une situation décrite
e. On rassemble souvent d et c en une situation complexe u,
appelée situation d'assertion : la signification de l'assertion de
φ est alors une relation entre deux situations, u et e.

Ainsi la signification d'une assertion de « Je déteste
Johnny » est une relation qui relie des types de situations d, c et
e, s'il existe deux individus a et b tels que : a est le locuteur de
la phrase dans d, a utilise « Johnny » pour désigner b dans c, et
a déteste b dans e. Pour prendre un exemple plus proche de la
motivation citée plus haut en faveur des domaines restreints,
la signification de l'assertion de « La table est verte » relie d
comportant un locuteur a et c utilisant « la table » pour désigner b, tels que b est une table verte dans e. Au cours de l'interprétation d'une assertion de φ les deux situations d et c se
combinent à ‖φ‖ pour former une contrainte imposée à e.
L'évaluation de la situation résultante e peut ensuite intervenir
quand on la confronte au monde.

Questions d'ontologie et d'épistémologie

Pour les fondateurs de la sémantique des situations, notre
appréhension du monde passe par des situations réelles repré-
sentées au moyen de situations abstraites. Le cadre épistémo-
logique sous-jacent est plus large que celui de la seule connaissance linguistique : le schème d'individuation, c'est-à-dire la
capacité à analyser les situations en individus, relations,

localisations, etc. n'est pas spécifique à la pensée langagière et peut être basé sur une simple compétence à discriminer des entités au plan comportemental.

Il reste que transposé au cas du langage, le réalisme sous-jacent à la conception des situations entraîne plusieurs conséquences spécifiques intéressantes. Tout d'abord comme cela est explicite dans le passage reproduit, les auteurs prennent à bras le corps le rapport langage-monde et ne veulent pas se contenter de son ersatz habituel en sémantique formelle, à savoir la relation entre langage et structure modèle-théorétique. Le monde est composé de situations réelles, et les situations abstraites correspondent aux modèles des théories habituelles. Il en ressort visiblement un engagement ontologique radical en faveur de tous les prédicats et noms, dont les correspondants dans les situations réelles sont censés être des propriétés, relations et individus *réels* [1].

Outre la restriction des domaines de quantification évoquée plus haut, postuler que la référence des énoncés consiste en situations dans le monde plutôt qu'en valeurs de vérité permet de maintenir un écart sémantique entre énoncés logiquement équivalents. C'est important pour le traitement de locutions intentionnelles, et c'est en particulier très intuitif dans le cas d'énoncés portant sur des états perceptifs. Par exemple quand le contenu d'une attitude comme :

Nicolas *voit que* Johnny fume

est analysé en termes de mondes possibles, ce contenu étant logiquement équivalent à (*i.e.* vrai exactement dans les mêmes

---

1. Si Barwise et Perry envisagent la possibilité d'un discours fictionnel ne renvoyant pas à des situations réelles, c'est de façon très marginale et sans proposer de développement ; cf. *op.cit.*, p. 284-285.

mondes possibles que) celui de « Johnny fume et François mange ou ne mange pas », l'attitude n'est pas distinguée de :

> Nicolas *voit que* Johnny fume, et que François mange ou ne mange pas.

De façon plus générale, en évitant de réduire la synonymie à l'équivalence logique on évite d'avoir à postuler l'incohérence de locuteurs parce qu'ils ne savent pas qu'« oculiste » et « ophtalmologiste » sont synonymes, ou parce qu'ils ne connaissent pas toutes les vérités mathématiques.

La sémantique des situations constitue-t-elle un cadre théorique concurrent radicalement différent de la sémantique des mondes possibles ? C'est ce qu'ont prétendu Barwise et Perry[1] en assimilant sémantique des mondes possibles et réalisme modal, avant de se rétracter. Stalnaker[2] a argumenté en faveur d'une approche instrumentaliste des mondes possibles, déconnectée de toute position métaphysique, et finalement compatible avec la sémantique des situations. L'idée de modèle partiel peut en effet être enrégimentée à l'aide d'une *classe de mondes possibles* (c'est-à-dire d'une *proposition* au sens de la sémantique des mondes possibles). Ainsi, une *situation* où Johnny fume semblerait pouvoir être assimilée à la classe des mondes possibles où l'énoncé « Johnny fume » est vrai.

N'y aurait-il finalement rien de véritablement nouveau avec les situations ? Ce serait en fait perdre tout l'avantage de la partialité qui vient d'être évoqué concernant les énoncés logiquement équivalents. Car si la situation abstraite où Johnny fume est *distincte* de celle où Johnny fume et François

1. J. Barwise et J. Perry, « Shifting Situations and Shaken Attitudes », *Linguistics and Philosophy* 8, 1985, p. 103-161.
2. R. Stalnaker, « Possible Worlds and Situations », *Journal of Philosophical Logic* 15, 1986, p. 109-123.

mange ou ne mange pas, les deux énoncés sont vrais exactement dans la même classe de mondes possibles[1]. Mais on peut trouver d'autres avantages au caractère partiel voire fini des situations. La sémantique de Montague, basée comme on l'a vu sur les mondes possibles, conduit à des invraisemblances dans le traitement de quelques exemples simples. Ainsi pour analyser un énoncé comme « Johnny fume », il faut déterminer de quiconque peut fumer, s'il ou elle fume dans chaque monde possible, avant de déterminer si cet énoncé est vrai : les fonctions de Montague définies sur les mondes possibles sont évidemment très difficiles à manipuler du fait de leur caractère total, *i.e.* non partiel[2].

Pour finir cette brève présentation de la sémantique des situations, relevons deux points importants. Premièrement lorsque nous raisonnons et agissons, nous manipulons des situations abstraites : sur ce point, la sémantique des situations n'est pas loin de postuler un niveau *mental* intermédiaire, même si ce dernier est fondé sur ces situations réelles, donc externes aux agents. L'autonomie du niveau intermédiaire est toute relative, étant donnée l'exigence d'ancrage dans le réel de ses constituants. D'autres théories iront plus loin en postulant un niveau intermédiaire explicitement représentationnel. Un second apport théorique remarquable de la sémantique des situations réside dans le traitement formel uniforme du contexte d'assertion et du contenu sémantique, tous deux analysés en termes de situations. Là aussi, d'autres théories vont systématiser cette approche et la conception corrélative

1. J. Perry, « From Worlds to Situations », *Journal of Philosophical Logic* 15, 1986, p. 83-107.

2. *Cf.* A. ter Meulen, « Logic and Natural Language », dans L. Goble (dir.), *The Blackwell Guide to Philosophical Logic*, Oxford, Blackwell Publishers, 2001, p. 461-483.

de la signification comme relation. L'idée est liée à la dualité de la notion de contexte : celui-ci peut être conçu comme ce qui fixe les conditions d'assertion et permet l'interprétation, mais aussi comme ce qui résulte de l'interprétation d'une assertion par un mécanisme de *mise à jour*. Quand on asserte « Il pleut maintenant », le contexte antérieur à l'assertion permet de fixer la valeur de l'indexical « maintenant », et le contexte ultérieur est fonction de l'assertion : il contient l'information (véridique ou non) qu'il pleut.

Le tournant dynamique en sémantique

Indépendamment des questions soulevées par la sémantique des situations, plusieurs phénomènes linguistiques ont conduit les théoriciens en sémantique formelle à s'éloigner du formalisme de Montague. Geach avait déjà relevé en 1962 le problème du fonctionnement d'un pronom dans un contexte indirect, quand il est lié par un autre contexte [1] :

> Hob pense qu'une sorcière a empoisonné la jument de Bob, et Nob se demande si *elle* (la même sorcière) n'a pas tué la truie de Cob.

Le problème provient du fait que la sorcière est introduite dans des mondes épistémiquement possibles de Hob, et que l'on ne peut pas en garder la trace pour explorer les mondes épistémiquement possibles de Nob, ce qui est cependant exigé pour évaluer le pronom « *elle* ». Ce problème de l'*identité intentionnelle* rejoint le phénomène linguistique général de l'*anaphore* : l'analyse des pronoms dont la référence dépend d'un antécédent linguistique. L'anaphore a conduit à une

---

1. P.T. Geach, « Intentional Identity », *The Journal of Philosophy* 64, 1967, p. 627-632.

évolution profonde de la sémantique dans les années 1980, reconnu depuis comme un *tournant dynamique* de la discipline [1].

L'anaphore pose des problèmes de traitement délicats sur différents types de cas. Il faut rendre compte du succès de « Johnny mange. Il fume » et de l'échec (contexte mis à part) de « Il fume. Johnny mange », ou encore de « Johnny mange. Elle fume ». Une idée est d'interpréter le pronom personnel « il » comme une description définie encodant le genre et s'appliquant à l'individu déjà rendu saillant par le nom propre « Johnny ». Mais le mécanisme de l'anaphore doit fonctionner pour un indéfini, comme dans « Un homme fume. Il mange », alors qu'il n'y a pas d'individu particulier relevé par « un homme ». En outre, on a affaire ici à un lien anaphorique interphrastique, alors que depuis Frege l'unité de base de l'analyse est l'énoncé.

D'autres pièces viennent s'ajouter au dossier. Intuitivement on aimerait analyser « un homme » dans « Si un homme possède un âne, alors il le bat » de façon similaire à l'analyse de « Un homme possède un âne, et il le bat », à savoir avec un quantificateur existentiel ; mais l'analyse en logique du premier ordre enjoint de quantifier universellement l'antécédent du conditionnel. Pour clore cette liste, ajoutons le cas des deux suites d'énoncés abondamment discutées dans la littérature :

> J'ai perdu trois billes. Il y en a une que je n'ai pas retrouvée. *Elle* est bleue.
> J'ai perdu trois billes. J'en ai retrouvé deux. *Elle* est bleue.

1. P. Gochet, « The Dynamic Turn in Twentieth Century Logic », *Synthese* 130, 2002, p. 175-184.

la difficulté provenant du fait que les énoncés sont *équivalents* en termes de mondes possibles : la sémantique de Montague échoue ici à rendre compte du phénomène linguistique et de l'échec du second cas.

Plusieurs théories ont été proposées pour rendre compte de ces phénomènes dynamiques. La sémantique des situations peut être rattachée à ce tournant, à l'égal d'autres conceptions comme la théorie des représentations de discours (DRT pour *Discourse Representation Theory*) de Kamp, la logique des prédicats dynamique (DPL pour *Dynamic Predicate Logic*) de Groenendijk et Stokhof, ou la théorie sémantique des jeux (GTS pour *Game-Theoretical Semantics*) de Hintikka, ainsi que d'autres théories basées sur l'usage de fonctions de Skolem. Je vais ici très brièvement évoquer la DRT[1].

Les sémantiques du discours proposent tout d'abord un changement d'échelle : le niveau pertinent d'analyse n'est plus l'énoncé comme il l'était depuis Frege, c'est désormais le discours, voire la conversation dans certains développements. Ce qui ressort des exemples d'anaphores, c'est qu'il faut prendre en compte non seulement le contenu sémantique, mais aussi le *flux informationnel* qui se propage au long du discours. C'est particulièrement clair sur le dernier exemple cité, où sachant qu'il y a trois billes en jeu, dire qu'on ne retrouve pas une bille ou dire qu'on en retrouve deux est logiquement équivalent, mais n'est pas équivalent au regard des objets rendus saillants dans le contexte, ce qui explique le succès ou non de l'anaphore.

Pour rendre compte de ce flux informationnel, la DRT postule une *structure de représentation de discours* (DRS), qui

1. H. Kamp et U. Reyle, *From Discourse To Logic*, Dordrecht, Kluwer, 1993.

se situe à un niveau d'interprétation intermédiaire entre le langage et l'évaluation sémantique (cette dernière étant formulée en termes de mondes possibles). La DRS est une représentation syntaxique du discours composée de deux parties : un *univers* qui est un ensemble de *référents de discours*, et un ensemble de *conditions* imposées aux référents de discours. L'analyse d'un discours débute avec une DRS vide et le traitement d'une phrase comme « Johnny mange » provoque l'introduction d'un référent de discours x pour « Johnny », et deux conditions concernant ce référent : qu'il mange, et qu'il désigne Johnny ; ce référent est ensuite disponible pour résoudre un lien anaphorique, suivant des contraintes précises qui permettent de prédire le rejet des cas incorrects. Le traitement d'un énoncé est donc réalisé relativement à une DRS donnée (le contexte de l'interprétation), et s'il est adéquat il produit une mise à jour de cette DRS. La contribution sémantique d'un énoncé est ici conçue comme étant son *pouvoir de changer le contexte* (*context change potential*). C'est à nouveau une conception relationnelle, mais cette fois explicitement dynamique.

Vers une sémantique intégrée

Le cas des théories dynamiques en général, et celui de la DRT en particulier, sont instructifs à divers égards pour la question de la signification.

Après l'étape de construction des représentations de discours et du traitement des anaphores (ainsi que d'autres inférences) intervient celle, plus classique pour la sémantique formelle, de l'évaluation des représentations relativement à un ensemble de mondes possibles. Un discours représenté peut ainsi être évalué comme vrai ou faux dans tel ou tel monde possible, voire inconsistant s'il n'est réalisé nulle part. Avant cette étape, les référents de discours sont traités sur un mode *ontologiquement neutre*, comme des objets intentionnels. Il semble qu'avec le tournant dynamique la sémantique soit finalement bien parvenue à séparer la signification telle qu'elle est appréhendée par les locuteurs, de l'ontologie, c'est-à-dire de l'ancrage du langage dans le monde.

La sémantique des représentations de discours postule un niveau représentationnel intermédiaire entre langage et structure modèle-théorétique, et la question peut être posée de sa nature. S'agit-il de la représentation formelle et abstraite d'une strate de représentations mentales, censée rendre compte de la dimension cognitive de la signification? En partie oui, il semble que cela puisse être le cas. Mais ici, tout dépend du sens que l'on souhaite assigner aux formalismes. Les linguistes et logiciens se sont penchés sur l'utilisation des formalismes dynamiques pour la représentation des aspects cognitifs du langage. Le point est soulevé dès les débuts de la sémantique formelle dans les années 1970 par des sémanticiens comme Partee : formaliser les compte-rendus d'attitudes propositionnelles exige de prendre en compte une dimension cognitive souvent délaissée par la sémantique de Montague.

Finalement, Frege avait fortement chargé la barque du Sens, en lui allouant des fonctions qu'une seule entité pouvait difficilement assumer. L'histoire de la sémantique depuis lors révèle à quel point, faute d'avoir peut-être apporté les bonnes réponses, Frege a cependant soulevé les bonnes questions.

TABLE DES MATIÈRES

Imprimerie de la Manutention à Mayenne – Novembre 2008 – N° 330-08
Dépôt légal : 4ᵉ trimestre 2008

Imprimé en France

DANS LA MÊME COLLECTION